年収200万円からの

投資生活宣言

家計再生コンサルタント／
ファイナンシャルプランナー
横山光昭 著

Discover
ディスカヴァー

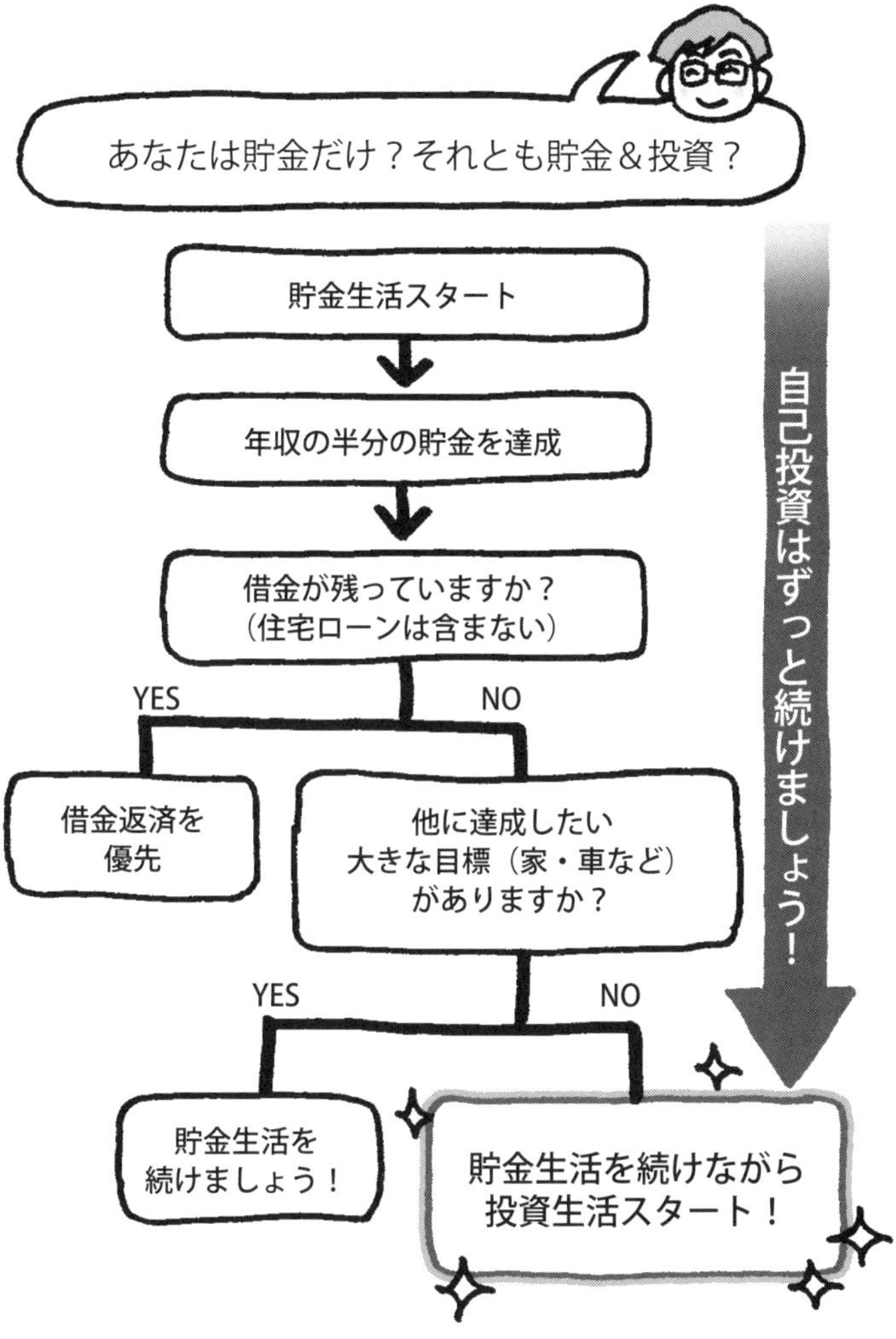
あなたは貯金だけ？それとも貯金＆投資？
貯金生活スタート
年収の半分の貯金を達成
借金が残っていますか？
（住宅ローンは含まない）
YES
NO
借金返済を
優先
他に達成したい
大きな目標（家・車など）
がありますか？
YES
NO
貯金生活を
続けましょう！
貯金生活を続けながら
投資生活スタート！
自己投資はずっと続けましょう！

はじめに　～お金を育てる、自分を育てる～

こんにちは。家計再生コンサルタントの横山光昭です。

赤字家計・貯金ゼロ家計の再生を生業とする私は、リーマンショック後の不況感ただよう２００９年に『年収２００万円からの貯金生活宣言』という書籍を刊行しました。

その中で、不安定な時代を生き抜くための、「貯金」の重要性をお話ししたのですが、おかげさまで20万部を超えるベストセラーとなりました。

何よりうれしいのが、多くの方々が「お金の問題児」から「お金の優等生」に変身したことです。

「今まで毎月１万円の赤字家計だったけれど、逆に、毎月３万円も貯められるようになった！」とか「夢だったカナダへの旅行、資金を貯められたので行ってきました」「現在、全額を普通預金で貯めており、2年かけて100万円が貯まりました。これからも、どんどん貯めていきます！」等々、たくさんのうれしい声が届いています。

どの方も、「貯金生活を意識して、日々の生活でやりくりをし、きちんと貯金を作り上げる」生活を送っているわけです。

でも一方で、不安が完全に消えたわけではないようです。

「貯金は順調に貯まっているけれど、ここ2年ほどボーナスが減りつづけている」「まだ幼い子ども2人を大学までやれるだろうか」というような声もよく聞きます。

残念ながら、日本において将来の不確実さは年々色濃くなってきているように感じています。

でも、それを嘆いていても始まりません。

今ある状況でどう生きていくか。

そのための最大の武器（ツール）は、もちろん「貯金」です。

「消費・浪費・投資」に分けて、お金を上手に使いこなせるようになることが大切。

本書では、その「貯金」をベースにして、次の「お金を育てる＝お金を増やす」ステージをご紹介したいと思います。

「お金を増やす方法」とはいっても、私の主たる業務はあくまで「赤字家計の再生」です。

富裕な方ややりくり上手な方というよりは、借金で首が回らない方、もう何年も貯金ゼロで毎月ギリギリの生活を続けている方といった「お金の問題児」の方が多くいます。

実は私自身も借金に苦しんだ過去があり、それをきっかけに編み出した「ヨコヤマ式90日貯金プログラム」で、「お金の問題児」さんたちが次々と再生しています。

正直、私の仕事はそこまでだと思っていました。

つまり、「借金や赤字家計を再生し、コツコツ貯金できるようになるまで応援すること」です。しかし、その先も支援できるということに気づいたのです。

家計相談を経て、赤字家計から再生し、貯金ができるようになった人の70パーセントは、**次の「投資」のステージに進んでいます。**

ここでの「投資」とは、2つの意味合いを持っています。

1 自分への投資
2 お金への投資

「1 自分への投資」は、自己の成長、家族や大切な人にかける時間・労力・気持ちを指します。

貯金生活においても、「早起きをする」「家のそうじをする」「人を喜ばせる」といった、行動をおすすめしてきました。

一見、お金とは関係のなさそうなこれらのことが、実は成功に不可欠なコツなのです。**はっきり言って、ここをサボると、効果は出ません。**本書では、この非常に大切な部分について、４章でじっくりとご紹介していきます。

「２お金への投資」は、大切に貯めたお金を少しずつでも安全に増やすことです。

政権交代による景気浮揚感で、昨今は投資ブームがわきおこりつつありますね。ずいぶん多くのマネー雑誌や関連の書籍が出回っているようです。

けれども、私のお伝えするお金への投資は、「大きく儲ける」ものとは違います。ベースはあくまで貯金です。

小さな芽をゆっくりと大木に育てていくようなイメージです。

ですから、ちまたの投資テクニックと比べると、物足りなく思われるかもしれません。

けれども、**初めて投資にチャレンジする人、損することを嫌う人、自分の貯金を目減りさせずに守りたい人、長い時間をかけてお金を大切に育てていきたいという人には最適の方法です。**

ゆっくり着実にステップアップ！

というわけで、1章でなぜお金への投資をおすすめするのかについて、2章と3章で初めての人でもすぐに実践できる増やし方について、それぞれ具体的にお伝えします。

そして、4章では、私がとても重視している「精神的な成長」についてお伝えしたいと思います。

ただ、お金を増やせばいいのではなく、平行して、お金を上手に使いこなす自分自身を育てていくことがカギです。

また、4章ではすべての基盤にあたる「貯金」についてもおさらいしたいと思います。投資生活を始めたからといって、貯金生活をやめていいわけではありません。

「消費・浪費・投資」の使い方、自分に甘くなっていませんか？

日々の貯金生活はしっかり続けてください。「お金への投資」で、増えた、減った、と浮足立たないように！

実際に、「自分への投資」「お金への投資」にチャレンジして、うまくいっているケースを私はたくさん目にしてきました。

みなさん、かつては借金地獄やカードの使いすぎに苦しんだ方々ばかりです。高収入の方はいませんし、貯金額もそう多くはありません。

ですが、せっかくがんばって貯めたお金を活かしたい！と、勇気をもって「投資」のステージに進んだのです。

元手が大金ではないので大儲けではありませんが、5年10年と続けているうち、ずいぶんと大きな差がついてきています。


金額だけではありません。投資をしていることが精神的にもプラスに作用していることを、実践者のみなさんの笑顔で実感しています。

お金が少しずつでも増えつづけている安心感、がんばって投資をしている自分に対する自信、判断力や責任感のアップなどなど。


まさに、自分自身も成長していける理想的なスパイラルです。

貯金が非常に大切な時代であることは誰しも認めることでしょう。本文で詳しく述べますが、**「投資」はその大切な貯金を守る手段でもあるのです。**安易な挑戦はいけませんが、勇気をもってチャレンジする価値があります。

「お金は、有意義な人生を送るためのツール。そのツールをうまくコントロールして使いこなせるようになることが最終目的ですよ」

家計相談の現場で、私が必ずお伝えしている言葉です。

先行きの不透明なこの時代、自分を守るものは自分自身です。
老後や医療、教育と、人生においてお金が必要なシーンはたくさんあります。
もちろん、ご自分の夢や趣味にきちんとお金や時間を使うことも大切です。ガマンする必要はありません。

好景気のときも不景気のときも、それに左右されずに自分の人生を生きる。そのための方法をぜひみなさんにお伝えしたい！その一心で本書を書きました。
では、私といっしょに「投資生活」をスタートしていきましょう！

横山光昭

CONTENTS

CHAPT. 1
不況に負けない自分をつくる！ヨコヤマ式投資生活

CONTENTS

CHAPT.

2 初めてなら これだけでOK！ 1000円からの積立投信

CONTENTS

CHAPT.
3
積立でなく まとまったお金を 投資するなら

CONTENTS

CONTENTS

CHAPT. 1 不況に負けない自分をつくる！ヨコヤマ式投資生活

貯金がムリなくできるようになったらそのあとは？

「貯金生活が身についたおかげで年収の半分が貯まりました。このまま○○円まで貯金を続けます」

おかげさまで、拙著を読んで横山式貯金プログラムを実践くださったみなさんから
うれしいお声を続々といただいています。

実は、ここから道が2つに分かれます。

A「消費・浪費・投資」を実践し、ひたすら貯金に励む

B「消費・浪費・投資」を実践し、貯金に励みながらも「増やす」に踏み込んでみる

「貯金生活を意識して、日々の生活で節約ややりくりをし、きちんと貯金を作り上げている」——ここまでは同じです。

ですが、そのあと選ぶ道次第で保有する金額に大きく差がついてきます。

具体的な例をあげましょう。

山田なつみさんと坂本優子さん。ともに、30代半ばのパート主婦の方です。

家計を上手にやりくりして毎月同じ金額（2万円ずつ）を貯金しています。

山田さんは毎月2万円を普通預金（金利0・02パーセント）でコツコツと貯めています。1年たてば、「月2万円×12カ月＝24万円プラス利息48円」になりますね。5年続ければ120万720円、10年で240万2642円です（一年複利）。

当然ながら、貯めた金額以上でも以下でもありません。もしもっとたくさんお金が欲しい、ということであれば、毎月の貯金額を増やすほかありません。

必然的に、毎日の生活が節約中心の考え方、つまり「どこかもっと減らせるところはないか」とストイックになってきます。

一方、坂本さんも毎月の積み重ね（2万円ずつ）がベースで、山田さんと同じです。ですが、実は、この2万円を投資に回していたのです。投資は初めてなので、運用利回りが低い（3パーセント）代わりにリスクも低い金融商品（あとで説明しますね）に絞りました。

利回りが低いため、1年や2年といった短期では「おお、こんなに増えた！」というような成果は上がりません。ですが、5年がたつと、どうでしょう？

左の図を見てください、ちなみに、貯金だけの山田さんの5年後は、120万720円。

2人の差はじつに10万円以上。これが10年、20年とたつと……？

さあ、もうお分かりでしょうか。

坂本さんと山田さんでは、ずいぶんと差がついてしまうのです。山田さんが足し算

ちりも積もれば山となる！

	1年後	5年後	10年後	20年後	30年後
山田さん（普通預金：金利 0.02%）	24万48円	120万720円	240万2642円	481万93円	722万2363円
坂本さん（金融商品：利回り 3%）	24万7200円	131万2418円	283万3871円	664万2357円	1176万643円

※1年複利・税引前で算出しています。

毎月同じ2万円ずつなのに、普通預金と金融商品による投資では、長く続けることで、こんなに大きく差がつくのです！

形式だとしたら、坂本さんは足し算プラス一部かけ算というイメージですね。

違いは金額だけではありません。実際に山田さんと坂本さんを見ていると、坂本さんのほうがイキイキしている印象を受けました。何事にも好奇心を持ち、毎日が楽しそう。考え方のバランス感覚もいいようです。


興味を持った私は、坂本さんに「なぜ一部を投資することにしたんですか？」と聞いてみました。

すると、「せっかくがんばって貯めたお金だもの、大切にしたい、お金を育ててみようと思ったんです」と即答されました。そして「何より楽しいですよね。自分のお金がほんのちょっとずつでも育っていくのが」と言います。


いわば、**貯金という芽に水や栄養をやり、大きな木に育てるという作業に楽しさを実感している**というわけです。

まさにそれが、私の考える「投資」です。

「貯める」の延長線上に「増やす」がある！

一口に「投資」といっても、みなさんはどんなイメージを持つでしょうか？

・元本割れして大損するんじゃないか
・証券会社にだまされてハイリスクのものを買わされるのでは？
・株とか国債とか考えるのも面倒くさい
・毎日株価をチェックして一喜一憂……そんなのストレスたまる！

こんなネガティブなイメージを持つ方も大勢いらっしゃるのではないでしょうか？
でも一方で、こんなイメージを持つ方もいます。

・ほうっておいても働かずにお金が増えるんでしょう！
・10年後、20年後に必要な教育・老後資金を準備できるよね
・株や債券の価格に影響するので、世界情勢や社会の動きに敏感になる
・一攫千金！ＦＸで50万円が３００万円になる、と聞いたことがあるけど？

などなど。
少々ポジティブすぎるイメージを持っている方もいるかもしれませんね。

「投資」の本来の意味は、「利益を得る目的で、金融商品や事業などに資金を投下すること」です。
ですから、金融商品としての株とか投資信託、金やプラチナなどそういったものを思い浮かべる人が大半かと思いますが、私はこの言葉をもっと広い意味でとらえて使っています。

自分自身の成長のため（自己投資）はもちろん、家族や自分以外の「人」のために、「お金」や「時間」や「労力」を使って、人との縁、経験、モノを手に入れることも含めて「投資」と解釈しているのです。

（拙著『年収200万円からの貯金生活宣言』や『貯金生活 chokin! 家計簿』をお読みになった方はおなじみと思いますが、お金の使い方を「消費・浪費・投資（ショー・ロー・トー）」と分けているのはそのためです）

お金を増やすためだけの投資のことを、「投資」ととらえてしまう。それは実は間違っているのではないだろうか。私は常々そう考えています。

そもそも何のためにお金を増やすのでしょう？

自分のため。家族のため。大切な人たちのため……。

お金がたくさんあっても不幸な人もいる一方で、年収が少なくても幸せに生きる人も多いですよね。

モノや欲望にとらわれない生き方が大切になってくる、これからの時代、**本当の意味での投資とは、「自分の成長を助けるもの、未来の自分を育てるもの」**と私は考えています。

実際、「投資」が上手な人は金融商品への投資だけでなく、人や経験、モノなどにもしっかりお金と時間を使っているのです。

そこで、私は「投資」という言葉のニュアンスを「育てる」というふうにとらえています。

「がんばって貯めたお金を育てる」
「お金をコントロールできる自分を育てる」
「未来をきりひらく自分を育てる」

「はじめに」でもふれましたが、私の考える「投資生活」とは、

お金を育てる、自分を育てる

「お金を育てる」
「自分を育てる」

ことなのです。

ですから、ヨコヤマ式投資生活は、ある程度の金額になったから、これで「終わり」ということはありません。

自分自身も成長しつつ、お金も成長させていきましょう。

短期間で○○円の利益を出すといった目標設定をしない代わりに、高いリターンも望みません。

ストレスなく、のんびりとゆるやかに続けていくことに意味があるのです。

「リスク」ってどういう意味か知っていますか？

ところで、投資というと必ず出てくる「リスク」という言葉、本当の意味を知っていますか？

「リスク＝危険性」と思い込んでいる人がけっこう多いのですが、投資の世界では違います。

投資における「リスク」とは「不確実性」という意味なのです。

つまり、「ハイリスク」は「危険性が高い」ではなく、「不確実性が高い」という意味なのです。

みなさん驚かれるのですが、「不確実性」という言葉自体に、ネガティブな意味合いはありません。

投資において、不確実性が高い、ということは儲かる可能性も高いし、損する可能性も高いということ。ブレ幅が大きいという意味です。

投資の世界では、リスクとリターンは比例します。つまり、リスクの高い金融商品ほどリターンは大きくなり、リスクの低い金融商品はリターンも低くなるというわけです。

みなさんご存じのとおり、「不確実性が低く、利益の多い＝ローリスク・ハイリターン」は残念ながらありません。

同様に、「ハイリスク・ローリターン＝不確実性が高く、利益が低い」の話を持ちかけられても引っかかってしまってはいけませんよ。

投資の対象となる金融商品は、次の2つに大別されます。

1 ハイリスク・ハイリターン：不確実性が高いが利益が多く生じる可能性がある

ざっくりいうと、儲かるときは大きく儲かるが、損するときは大きく損するわけです。金融商品でいうと、株式やＦＸ、一部の不動産投資など。

２ローリスク・ローリターン：不確実性が低いが利益が少ない

要は、儲かるときはわずかな儲けだが、損するときも小さな損ですむ、ということですね。積立投信や国債などがあげられるでしょう。

いかがでしょうか？ 至極まっとうな考え方ですよね。

このように「リスク」の本来の意味を知ると、投資への恐怖心が減ってきませんか？

「大きな儲け」につい惹かれてしまう方もいるでしょうが、本書の趣旨はあくまで、「大切に貯めたお金を育てる」ことなので、**２のローリスク・ローリターン**の方法をご紹介していきます。

「守るお金」と「攻めるお金」両方で備える

私は常々、お金には2種類あると思っています。

「守るお金」と「攻めるお金」です。

「守るお金」とは、自分や家族が生活していくためのお金です。

絶対に確保しなければならない、生きていくために必要なお金。自己防衛のためのお金とも言えます。

代表的なものは、手元にある現金、普通口座にある生活費用の預貯金など。

失業したり病気で働けなくなったりしたときのための年収の6カ月分の貯金も、この「守るお金」です。

守るお金と攻めるお金

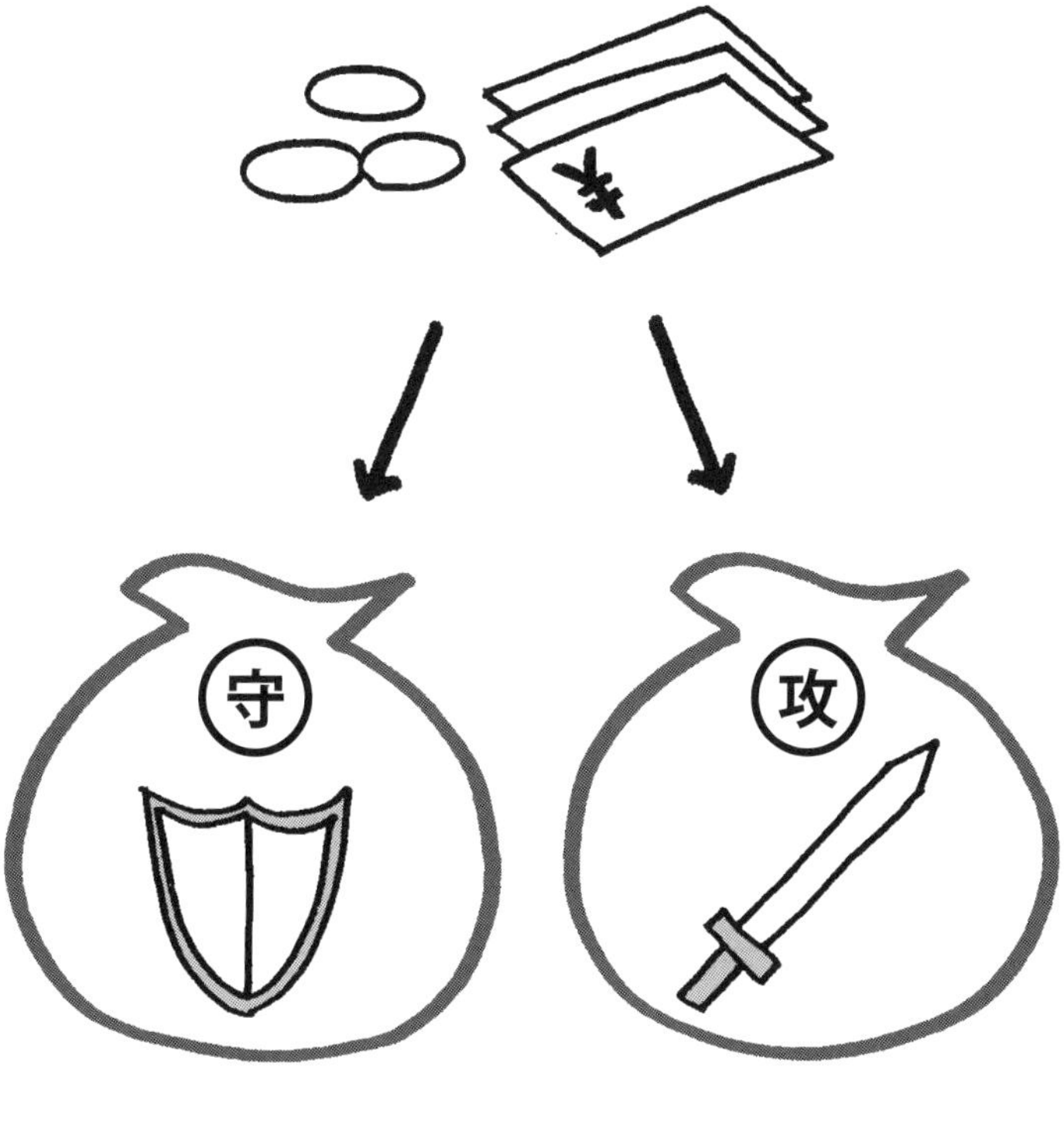

一方、「攻めるお金」とは、最悪、それがなくなっても生きていけるお金、生活費に限らない自由度の高いお金であることが大前提です。

たとえば年収200万円のAさんが貯金120万円を持っていたとしましょう。この場合、万が一のための貯金100万円をのぞいた20万円が、自由に使って良い「攻めるお金」にあたるわけです。

この「攻める」には〝増やす〟という意味も含まれます。

投資してリスクを取りながら増やしていくお金も「攻めるお金」です。

投資というとリスクが高いから怖い、とすぐ敬遠する人もいますね。

ですが、自由度の高いお金なのですから、そのようなリスクを負って投資してもOKなのです。

実は、私ヨコヤマ自身も貯めたお金の一部を投資しています。

次ページの図のように自分なりに、「攻めるお金の内訳」を作ってみました。これをアセットアロケーション(資産の配分。詳しくは162ページ参照)といいます。

リスクがあるものに少額を投資、安定しているけれどリスクがほとんどないものに残りを、というふうに組み合わせています。

ちなみに**利回りは平均5パーセント**です。

ごくごく単純な言い方をすると、10年(複利)で100万円が160万2890円になる計算ですね。これ以上の利回りを求めると、リスクが高くなりますので、私はこれで大満足です。

ちなみに損失は最大でも20パーセントまで、と想定しています。つまり100万円あったら、どんなに失敗しても80万円は残る、というわけです。

もちろん、守るお金(年収の半分以上)の貯金は、銀行に預けてあります。

資産を貯金だけにしない理由は、「お金を長生きさせるため」です。

それは前述の坂本さんの考え方と同じことで、「お金を大事にする」という考えが基本になっています。その手段の1つとして「投資」があるのです。

とはいえ、「攻めるお金」は必ず投資せよ、というわけではありません。

個人の希望次第です。

人によってはリスクを取らない代わりに見返りも期待しないという貯金のままでもいいわけです。

ヨコヤマの「攻めるお金」の内訳

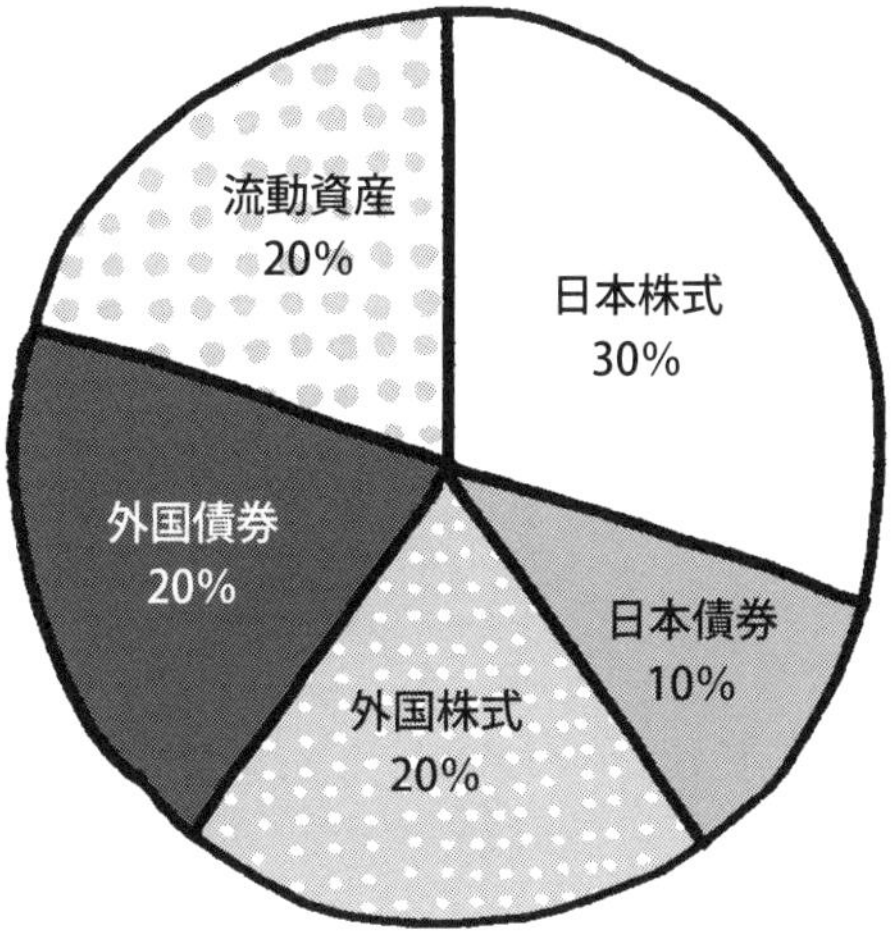
流動資産
20%
日本株式
30%
外国債券
20%
日本債券
10%
外国株式
20%

基本的には安全重視の内訳です。平均5パーセントの利回り。「流動資産」とは、投資用の貯金やMRFなど、すぐに使えるお金です。

何もしないことが本当に安全？

というと、「それじゃあ、私は投資はやらないで、このまま貯金だけしていこう。こんな不安定な時代にこれ以上不安な思いをしたくないですから。それでいいんですよね？」といった声が聞こえてきそうです。

一見問題ないようですが、どうでしょう？

何もしないことが本当に安全なのでしょうか？

貯金しか持たないこともまた、リスク（不確実）なのです。

銀行に預けている預金は元本割れしないのだから、なぜリスク？と不思議に思われるかもしれませんね。

ですが、預貯金も、目減りする可能性と常に隣り合わせです。

短期的な視点では考えにくいことなのですが、長く続くデフレ傾向(物の価格が下がる、お給料も下がる)の日本に激しいインフレ(物の価格が上がる)が巻き起これば、物価が上がります。すると、相対的に手持ちのお金や預貯金の価値は下がってしまうのです。これをインフレリスクと言います。実際、安倍政権下でのアベノミクスではそのような動きも、充分に考えられます。

逆に、インフレ下では株や不動産などの価格は上昇しやすくなるので(いわゆるバブル時代がそうでしたね)、そうした局面では「貯金以外の資産を持っていれば、資産全体の目減りを防げた」ということになるでしょう。

つまり、貯金を「日本円」で50万円持っていた場合、物価上昇率2パーセントのインフレが1年続くと、実質49万円の価値となってしまいます。

では、この状態が10年続くとどうなるでしょうか？

インフレ下での資産の目減りを算出する計算式があるのですが、それに当てはめると、40万8536円！

なんと、**10年間で、持っているだけで約9万円も目減りしてしまうのです！**

これはかなり恐ろしい事態です。何もやらないという選択肢でさえ危険なのです。


ですが、たとえば利回り3パーセントで長期で投資をおこなっていた場合、これらの危険は回避できます。少なくとも、持っているだけで損をしてしまうような事態は避けられるのです。


また、円安が急激に進んでも、相対的に見て手元の現金や貯金（日本円での）の価値は下がってしまいます。外国の製品を買うのに、日本円をたくさん使わなければなりません。

要は、今までは500円で買えたオリーブオイルが、円安が進むことによって55

０円出さなければ買えなくなる、という事態です。

「投資は恐ろしい」コツコツ貯金ができるようになっても、そう言って投資に興味を示そうとしない方が大半です。

でも、本当にそんなに恐ろしいものなのでしょうか。

銀行の預金金利が低迷していつまで預けていてもいっこうに増えず、インフレや円安が急激に進む可能性のある日本社会で、「何もしないことこそがリスクだ」と、思うのです。

これからの家計防衛の手立ての1つとして、年収や資産の大小にかかわらず、「投資」を考えることが必要な時代になってきていると、私は確信しています（とはいえ家計が赤字でないこと、貯金ができていることが大前提ですよ）。

あなたは投資をしてもいい人？チェックリスト

ここまで読んで「なるほど。お金を守るためなら、やってみようかな」とか「安全に増やせるんだったら増やしたい！」と思われた方もいるのではないでしょうか。

私のところでは、かつてのお金の問題児さんたちが大勢、投資生活を成功させていますす。ただ、始める前に投資をやっていい人かどうか、をしっかりチェックしています。

では、あなたご自身はいかがでしょうか。

次ページのチェックリストをやってみてください。

あなたは投資をしてもいい人？
チェックリスト

- □ 貯金が年収の６カ月分ある
- □ 家計の支出がだいたい把握できている
- □ 毎月支払いがきつくなるような借金はない
- □ 予定するイベント（マイホーム購入や教育費など）の見通しが立っている
- □ 投資の知識は少しだけれどある
- □ 気分で流されにくいほうだ
- □ 買い物は堅実なほうだと思う
- □ 投資で大儲けしたいというほどではない
- □ リスクの意味は分かっているつもり
- □ 貯蓄は現金だけでいいのかなと疑問に思うことがある
- □ どちらかというと、コツコツタイプの人間だ
- □ クレジットカードのリボ払いはしない
- □ ギャンブルに没頭したりしない
- □ 学ぶことが好き
- □ 小さなお金でも大切だと思う

いかがでしたか？

✓が13個以上の人→合格です！　ぜひ投資生活をスタートしてください。いろいろと学びながら世界を広げていきましょう。

✓が10〜12個の人→ＯＫです。でもくれぐれも慎重に進んでください。

✓が6〜9個の人→うーん。危険信号です。もう少し力をつけてからのほうがいいかも。

✓が0〜5個の人→赤点です。まだ投資をしてはいけません！　貯金生活を第一に。

気持ちばかりが先走って、クレジットカードのリボ払い分などの借金があるのに

「増やしたい!」という人が大勢いますが、見切り発車では結局うまくいきません。

「貯める↓増やす」というお金管理のルールを無視して、増やそうとすること自体が不可能なのです。

こう書くと、何を当たり前のことを……と思われるかもしれませんが、当の本人はなかなか気づかないもの。

どれほど冷静な人でも、ことお金となると客観的に判断は難しいのです。

「上手に貯金ができるようになった! 年収の半分どころかもっと貯めている」という方々も大勢います。

そして、その大半が、「怖くて投資なんて考えたこともなかった」人々です。

たしかにこの不況時、ただ銀行にお金を預けておいても、金利が低く、ほとんど増えません。

だからといって、増やすことは絶対にムリ！　と、きっぱりあきらめるべきなのでしょうか？　極端に考えすぎていませんか？

長年の家計相談の経験をふまえ、私は**「年収の半分をすでに貯めてあり、家や車など大きな買い物を控えておらず、ただただ銀行に預けて長年ほったらかしの人は、一部を「投資」してみてもいいのではないか」**と思っています。

投資はするべき？
しないべき？
ヨコヤマの実体験から

投資の広義の目的は、「お金を増やすこと」。

もうその時点で、好き嫌いが分かれてしまうところです。

日本人は特に、「カネカネ、というのははしたない」とか「お金に執着するのは恥ずかしい」など、お金に対する考え方が潔癖な人が多いですからね。

ご参考までに、私自身の「投資」との向き合い方をお話ししましょう。

ご存じの方もいると思いますが、妻子を抱える身でかつて借金地獄に陥った私は、悪戦苦闘して「お金の問題児」を脱却し、その経験を活かしてファイナンシャル・プランナーとなり、家計再生コンサルタントとして活動しています。

正直、「投資」に対しては及び腰だったのですが、お金の専門家として、仕事だからやらざるを得ない、というのが始めたきっかけでした。

おそるおそる「投資」をスタートして10年になりますが、幸い、現時点では「大損（大失敗）」はしていません。

結果として投資したお金は平均利回り5パーセントくらいで少しずつ増やせているので、その点では成功したといえるかもしれませんね。

しかし、思いきって買った株が3分の1に値下がりしてしまったり、元本割れのまま失意のうちに撤退したり、と大きな損をしたことが何度もありますので、大成功というわけでもないでしょう。

成功も失敗も経験したので、「投資」に対してフラットな感覚でいられると自負しています。

これまで私はいろいろな投資をやってみました。株に債券、投信、金やプラチナ投資などなど。

それから、外貨投資ではＦＸ（外国為替証拠金取引）や外貨預金、ＣＦＤ取引（差金決済取引のこと。幅広い金融商品や指数への投資で5〜20パーセントを実現する高い利回り）や不動産投資といったハイリスク・ハイリターンのものもいろいろと経験しました。

仕事上の研究のため、それから好奇心を満たすため、怪しげな投資にも挑戦したことがあります（投資とは異なりますが、仕事柄、ヤミ金なども経験してみたことがあります……恐ろしくも貴重な経験でした）。

いずれも大きな投資額ではありませんが、あらゆるものを知りたくて経験してみたわけです。

実際、大きく儲かったこともあります。

一日で、サラリーマンのお給料ぐらい儲けてしまったことも！　ですが、そうして儲かったお金には思い入れがまったく感じられず（まさに、悪銭身につかず、ですね）、次の投資につぎ込み、あっけなく失ってしまいました。

失敗も多くあります。

投資したお金の半分くらいが翌日には消えていたようなこともありました。そうなると、失ったお金のことばかりが頭を駆けめぐり、あまりのショックでしばらく仕事に手がつかない状況になって、大変な目にあいました。

いろいろやっているうちに、どれくらいの利回りで運用できていたのか、という運用率がさっぱり分からなくなってしまいました。

一貫性なくいろいろと取り組むと、運用率はもちろんのこと、投資した金額や戻ってきた金額すら把握できなくなっていくのです。

投資というのはギャンブルと本当に違うのだろうか？　深く悩んで、自問自答を繰り返した時期もありました。

これらの大儲けも大損も、ＦＸのような不確実だけれども高いリターンを意識した投資を複数おこなって生じた結果でした。

いくつも手を出しすぎて一喜一憂
気分の浮き沈みが激しくてヘトヘトに…

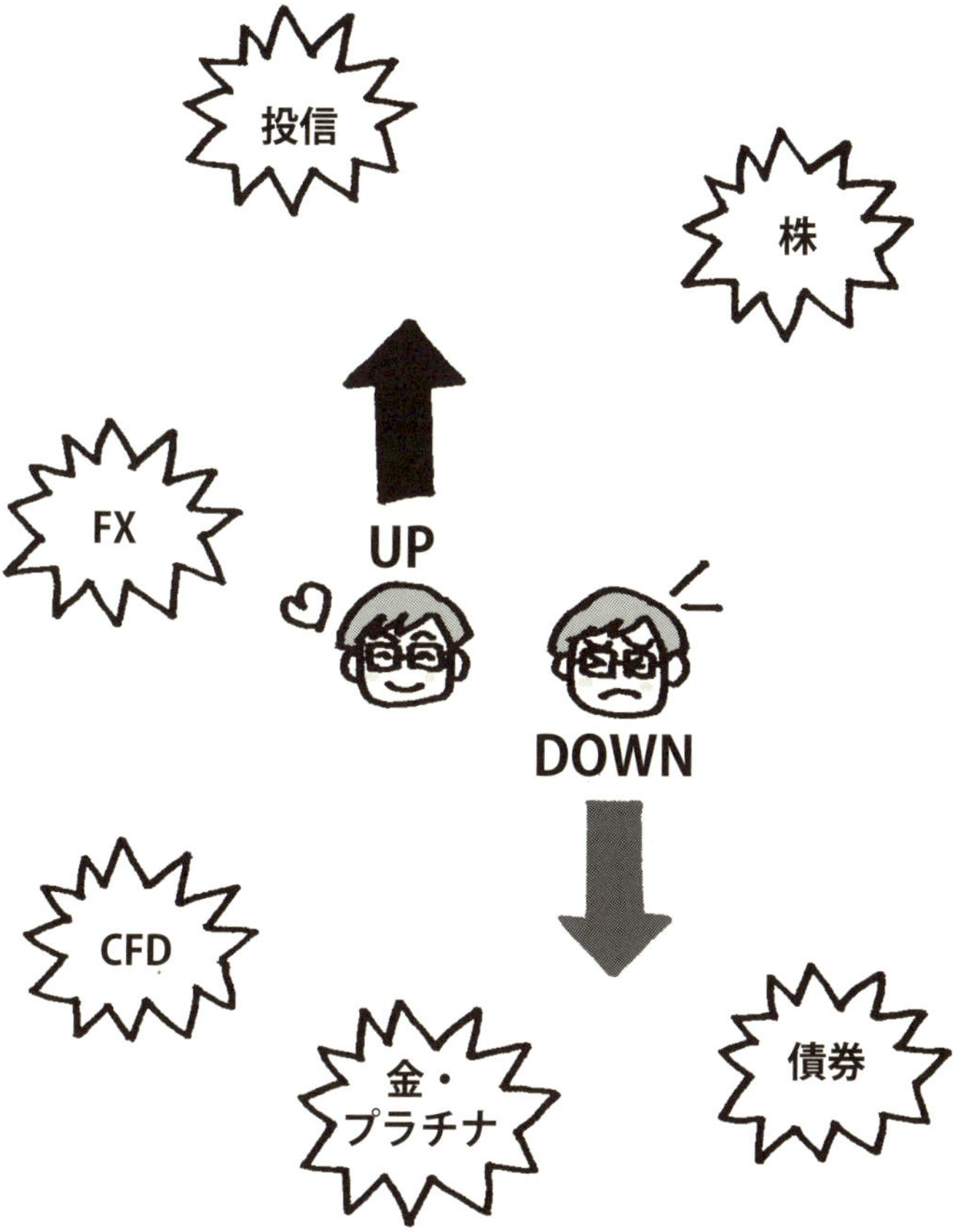

一方、高いリターンさえ狙わなければ、少しずつでも着実にお金を増やすことができるということもだんだん分かってきました。大変でしたが、チャレンジしたからこそ経験できたわけで、とても良い勉強になりました。

上手に「投資」をすれば、普通預金や定期預金に入れておくよりも、お金ははるかに有効に育ってくれます。

その意味合いで、私は必ずしも「投資」はダメとは考えていません。もちろんギャンブルのようなハイリスク・ハイリターンの投資はいけませんが……。

集中投資するのか、分散投資なのかなどといった、やり方によって利益もリスクもまったく異なるのです。

「投資」という言葉だけでひとくくりにされているから、誤解が生まれているように思います。

この誤解が解ければ、一歩を踏みだす方はもっともっと増えることでしょう。

初心者でも怖くない ヨコヤマ式 投資生活とは？

さて、本書でおすすめする「ヨコヤマ式投資生活」ですが、みなさんにいだいていただきたいイメージは、ズバリ「自転車」。

貯金生活を「徒歩」と考えると、「徒歩」より少しだけ早く進めます。そんなイメージです。でも、あくまで「自転車」です。「スポーツカー」ではありません。ここが肝心なところです。

スポーツカーだと、びゅーんと突っ走れますが、事故を起こしたときはおおごとです。自転車なら、乱暴運転をしないかぎり安全ですよね。

できるかぎり安全に（リスクを抑えて）、少しずつ距離（お金）を増やす手段というわけです。

大金を元手に、ハイリスク・ハイリターンをめざす投資方法とは大違い。自転車同様、「エコ」な投資、といってもいいかもしれません。

ではお金を増やしたいと思われたみなさん、どのくらいをイメージしていますか？

１００万円預けて、１年後に10万円の利息をもらいたいですか？

もしこれくらいの利息を狙いたいというのであれば、利回り10パーセントですから、リスクを覚悟した株式投資やＦＸなどでないと、実現できない数字です。

そして、それらのはらむ危険性は、限りなく高い！

つまり、金利分どころか、元本すら一部失うこともあります。投資のプロであっても、失敗することが多いのです。

ヨコヤマ式投資生活のイメージ

徒歩
自転車
スポーツカー

自転車なら、徒歩より早く
スポーツカーより安全に、
目的地に着けますよ！

ですから、高いリターンを狙うなら、初心者のみなさんは十二分に勉強し、リスクを取りながら、つまり失敗してもいい覚悟と金銭的余裕をもって、挑むしかありません。正直なところ、この方法はおすすめできません。

しかし、100万円を預けて10年間で20万円くらいの利息をもらえれば充分！と考えるのでしたら、有効な方法はたくさんあります。

実は、2パーセントの複利で達成できるのです。

利回り2パーセントを複利（元本に利息を足した金額に毎年利率がかかる仕組み）で10年かけて運用すれば、利息は10年で21万9000円もつきます。

金利2パーセントというと、投信や債券で実現できますから、限りなくリスクは低い（元本割れしない）のです。

今の時代、定期預金に同じ金額を預けても、大手の都市銀行を含めた全国平均（およそ0・25パーセント）で、利息は2500円（税引前）にしかなりません。

いかがでしょう？

2500円と21万9000円、ずいぶんと差が大きく見えてきませんか？

もちろんどちらを選ぶかは、あなた次第です。

ですが、投資といっても利息が少ないならやらない、1年以内で大きく増えないからやらないなどと、極端に考える必要はないのではないでしょうか。

まずは、どれくらい増えてくれるといいかな…？

それを想像することから始めてみましょう。

そしてそれを実現させるためにはどのような方法をとればいいのかを考えていくのです。

たとえば年収が200万円の方。

年収の約半分（100万円）を貯めたそのときから、投資を意識してOKです。ただしその100万円の貯金には手をつけないでくださいね。

この100万円は、「守るお金」。つまり、リストラや病気など何かあったときに、あなたや家族を守るための貯金です。

100万円をのぞいて、貯まっていく金額の半分を投資に回してみましょう（たとえば、月に2万円貯めている方なら、月1万円は今までどおり貯金に、残りの1万円は投資に）。

ですから、運用する額も同様に、150万円あったとしたら、運用するのは最大で、年収の半分を差し引いた50万円だけでおこなうべきです。

なぜかというと、リスク（不確実）だからです。

最初から脅すようですが、**どんなに少ないにしろ「投資」にはリスクが伴います。**そこが貯金と違うところ。貯金なら預けていれば額面の数字が減ることはありませんが（インフレなどで価値が目減りすることはありますが）、「投資」した場合は減ることがあるのです。

せっかくがんばって100万円を貯めたのに、不確定要素がある何かにその全額をつぎ込むのは、危険だということは普通に考えれば分かりますよね。
生活ですぐに使う部分、ちょっと取っておきたい部分、それらのお金をきちんと確保したうえでなければ、投資をしてはいけません!

こんなふうに言うと驚く方も多いのですが、実は投資OKかどうかは、収入の大小には関係ありません。

年収が1億円あっても、貯金が10万円しかない人は当然ながらダメ!
ですが、年収200万円でも100万円の貯金ができている人、**つまり年収の半分が貯められている人は、投資生活スタートOKなのです。**

とはいえ、さあ、スタートOKです!と言われてもとまどう方も多いでしょうね。
何しろ今までやったことがないし、証券会社にも行ったことがないし、マネー雑誌も読んだことがないし……。

大丈夫です。私自身もそうでしたから、気持ちはとてもよく分かります。何が安全で何が危険なのか、分からないとやる気がしないですよね。

あれこれ調べて時間を使うより思いきってやってみる！

では、不確実性が高い投資・不確実性が低い投資をいったいどう見分ければいいのでしょうか。
まずは投資関連の本やマネー雑誌をたくさん読みこんで、証券会社の資料を取り寄せたり、ホームページを読んだり、とじっくりゆっくり研究する方が多いようです。

ですが、断言しましょう。
そのやり方ではいつまでたっても始められません！

実際に家計相談の現場でも、みなさんしっかり勉強し、検討に検討を重ねて……結局のところ、「やらない」という方が多いのです。

調べていくうちに、ネガティブな情報ばかりに目が行き、怖くなってしまうパターンですね。あとは、研究しすぎて疲れて、いざ実行へたどりつかないという方も多いです。

そうなると、たくさん買い込んだ投資本もムダ、勉強に費やした時間もムダ。

そう、結局は一番避けるべき「浪費」となってしまうわけです。

ですから、**「まずはやってみる」。これをおすすめします。**

最低限の知識を持ったら、証券会社に口座を開きます。そして1万円とか3万円とか少なめの金額からスタートしましょう（後半でご紹介しますが、月々1000円からの積立でもスタートできます）。

ただし、最初から儲けや利益を求めないこと。

むしろ、損を覚悟しておこなってください（私もこのタイプです）。

実際、投資は初めてチャレンジする人からすると、まさに異次元の話であり、実践から学んでいくことが一番の大きな収穫となります。

やっていくうちに、高いリターンを求めてリスクを取ったのにこれしか増やせなかった、安全重視だったけれどこんなに増えた……など、いろいろな感情が味わえるでしょう。

怖がりだと思っていたけれど意外と自分は大胆だったとか、儲けは少なくてもリスクが低いものがいい、とか、新たな自分に気づくこともあるかもしれませんね。

こんなふうにまずはスタートしてみて自分なりの許容範囲が定まってきてから、いろいろな投資方法を検討していくのがいいでしょう。

書籍で読む知識よりも、自分でやってみる経験が何よりも多くのことを教えてくれることを、私のところの相談者さんたちの姿を見て実感しています。

私も自分なりの許容範囲でリスクを取りながら、投資をしています。私は根が小心者なのでさほどリスクは取っていません。

面倒くさがりやでもあるので、こまめにチェックする必要がなく長期・分散で放置しておくことができるもので組み立て、管理しています。

正直、投資にバタバタしていたくないですし、資産状況をしょっちゅう確認するのも面倒です。

仕事もプライベートも、そして6人の子どもたちの世話もありますから、そこまでしてお金を増やすことだけに力を注いでいられないという事情もありますが……。

ファイナンシャル・プランナーというお金の専門家である私ですらこの程度なのですから、こんなふうに自分のペースでいいのです。

投資を始めたからといって、急にプロの投資家のような勉強や労力が必要になるわけではありません。

反対に、素人だからこその安心&安全でカンタンな方法があるわけです。

続く2章、3章で、具体的にどう進めていけばいいのか、お話ししたいと思います。

地震・災害・金融危機
非常時に通用する資産とは？

あくまで私個人の場合ですが、危機管理という観点から資産の持ち方をお話ししたいと思います。

東日本大震災を経験した日本人の多くが、「いつ何が起きてもおかしくない」という思いをいだくようになりました。

私自身もその一人です。震災に限ったことではなく、金融危機で社会経済が混乱・崩壊することも充分に起こりえます。

そういった非常時のために、私が手元に備えている資産は次の3つです。

- **円貨（3カ月生活できる分の現金）**
- **米（アメリカ）ドル（6カ月生活できる分）**

・金（金地金《きんじがね》1kg）

これらを手元に置いています。手元に、という点が肝心です。

地震や日本社会の破綻といった危機的状況では、銀行もインターネットも利用できないおそれがあります。そんなとき、のんびり復旧を待っているわけにはいきませんからね。

準備万端の過剰な安全主義と思われるかもしれません。ですが、決して大げさなことではないと、私は思っています。あの大震災もありえないこと、想定外のことでした。

もちろん、何も起きないことを願っていますが、6児の父親としても家族を守っていかねばなりません。

非常に極端な話ですが、もし日本経済が破綻するようなことがあれば、どうなるでしょうか？

COLUMN

円は、国際的にほとんど無価値になります。

その場合、円でしか資産を持っていないと恐ろしいことになります。つまり、円での資産は紙切れと化すのです。

非常時には円よりも、米ドルのほうがよっぽど有効です。世界のどこでも円よりははるかに通用します。そのため私は、米ドルを100ドル札で多めに用意しています。

そして、こういったときには当然、現物がものを言います。金地金なら鑑定も早く、換金も容易です。

正直なところ、米ドルも金地金も、平時では円で持つより価値が低くなってしまうときもあります。

でも、**私は「危機管理」という観点から、これらを持っているのです。**

ですから、利益を得るという投資本来の目的とは異なりますが、それでいい、と割り切っています。自分を、家族を守るために、あえて持っているのですから。

ちなみに外貨（米ドル）は、銀行や両替所、金券ショップなどで、入手できます。

金地金については、地金商や製錬会社などで販売しています。5g、10g、20g、100g……と、金額によってさまざまなサイズで購入できます（ちなみに私は三菱マテリアルで買いました）。

少々怖い話をしすぎたでしょうか。

これは非常時に限ってのことではありません。

資産に円だけでなく外貨を組み入れたり、貯金以外の商品を持っていたりしたほうが、より安全と言えるのです。

ですから、「危機管理」という観点から持つ場合は、米ドルや金を持つことを面倒くさがったり、円で持つより価値が低くなるんじゃないか、とイヤがったりしないでくださいね。

いつなんどき非常時となるかも分からないという危機感を持ち、いつかではなく今このとき、備え、行動する必要があると私は思っています。

CHAPT. 2 初めてなら これだけでOK! 1000円からの積立投信

ハイリスク・ハイリターンだけが「投資」ではない

世の中には多くの金融商品があり、リスク（不確実性）の高いものもあれば低いものもあります。

特にリスクの高いものの代表例が、ＦＸ（外国為替証拠金取引）やＣＦＤ取引（差金決済取引）などです。

株式投資、金投資、一部の不動産投資なども、リスクは高いほうでしょう。

逆にリスクの低いものといえば、預貯金や個人向け国債、円建てＭＭＦなど。積立投資信託やＥＴＦ（上場投資信託）などもそうです。

積立投信の中では、とりわけインデックスファンドが簡単です。

株式投資をするのと国債を買うのでは、一口に金融商品といっても天と地ほど違います。国債は原則として元本割れをしませんが、株式投資は元本割れどころか、元手がゼロになる危険性もあります。

しかしながら、投資のリスクとリターンは比例します。

つまり、リスクの高い金融商品ほどリターンは大きくなり（ハイリスク・ハイリターン）、リスクの低い金融商品ほどリターンも低くなる（ローリスク・ローリターン）というわけです。

73ページの図をご覧ください。

預貯金は、元本割れしないのでローリスクかもしれませんが、預けていてもほとんどリターン（利息）がありません。

一方、株式投資などは、元本割れのリスクがある反面、株価が値上がりすれば大きなリターン（売却益）が得られます。さらには、配当や株主優待といったオマケまで受け取れる場合も多いのです。

大切に貯めた「攻めるお金」を使って、不確実性の高い投資をするか、リスクをほとんど取らない投資をするかは、考え方次第です。

投資のスタイルに模範解答はありません。人それぞれ自分に合ったやり方を選ぶこと、それが正解なのです。

株価の上下動にいちいちビクビクして夜も寝られないような人が、ムリしてハイリスクな投資をする必要はありません。

リスクの高いものばかり選ぶのが投資ではないことを、知っていただきたいと思います。

精神的に重荷になるようなら、そうしたリスクを負わない（安心な）運用スタイルを取るという手もあるのです。

リスクとリターンの度合いによるイメージ

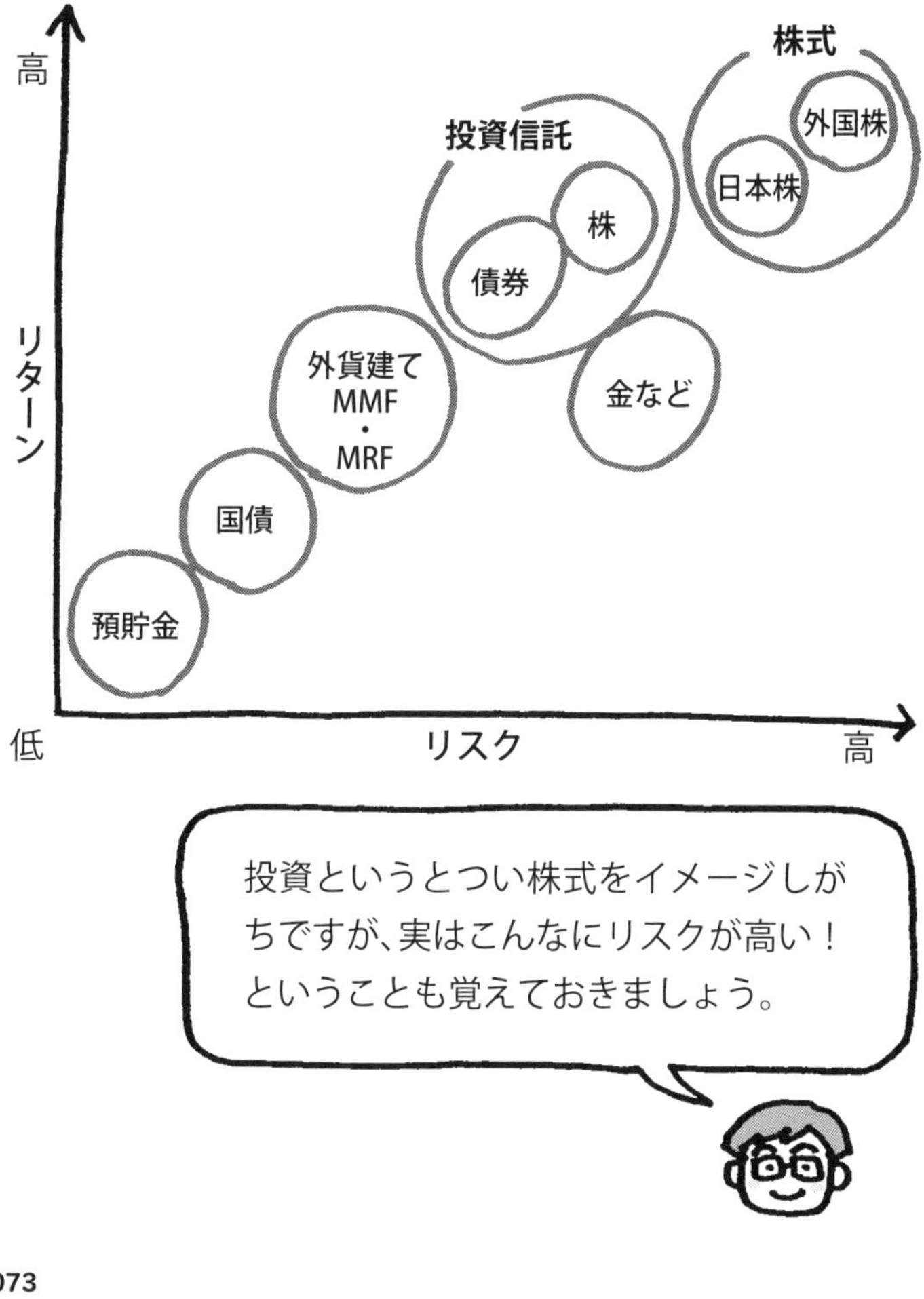
高
リターン
低
リスク
高
預貯金
国債
外貨建て
MMF
・
MRF
投資信託
債券
株
金など
株式
日本株
外国株
投資というとつい株式をイメージしがちですが、実はこんなにリスクが高い!ということも覚えておきましょう。

大勝ちではなく負けない！初心者のルール

初心者のみなさんに投資についてお伝えする本なのに、こんなことを言うのもなんですが、投資はそう簡単に大儲けできるものではありません。

一攫千金！とか、１００万円が２００万円に！とかいうようなことは、堅実でローリスクな投資法のもとでは起こりません。

「地道にコツコツ、少しずつ」

そうです、貯金と同じような心構えが必要です。

これまでに、凄腕のディーラーやファンドマネージャー、億単位の利益を得ている個人投資家の方などとお話ししたことがありますが、みなさん一様に研究熱心でした。知識量も半端ではありません。

簡単にやってのけているように見えて、陰ではものすごく勉強されているんだな。そう感じました。

彼らに共通するのは、ほとんどオタク気質といっていいほど、投資の勉強を極め、のめりこんでいるという点です。それほどまでにとことんやってきたからこそ、マーケットの勝者になれたのでしょう。

株式市場では、投資家の9割が負けて1割が勝つといわれますが、その1割に食い込むには、かなり勉強しないとダメなのです。「かなり」というより、「全身全霊で」というほうが正しいですね。

何しろ、マーケットにはものすごく投資を勉強しているプロやプロ級個人投資家がゴロゴロいるのです。不勉強な人がやすやすと利益を出せるほど、甘い場所ではありません。

「オレ、そんなに勉強してないけど、株で勝ってるぜ」なんていう人もいるかもしれませんが、それははっきり言ってビギナーズラック。

そういう人は短期的にはたまたま勝てたとしても、長期的に利益を出していくのはまずムリだと断言できます。

ですから、**くれぐれも「投資」にのめりこまないこと。**

投資を本業にしているような人たちと同じ利益を出そうと思うことが間違いです。

あくまで日々の生活の基盤である「貯金生活」は平行して続けてください。

投資生活を始めてからも同じです。基本は「消費・浪費・投資」でお金を使い分け、着実に貯金をしていってくださいね。

とはいえ、私は何も「プロ級以外が投資してもダメ」と言いたいわけではありません。

ただ、自分を過信しないでいただきたいのです。投資は宝くじのような、一発逆転の道具ではありません。**バクチ気分で金融商品を買わず、身の丈に合った投資をしましょうとお伝えしたいだけです。**

手持ちのお金を増やしたくて投資を始めたのに、結果的に減ってしまうこと。これは絶対に避けなくてはなりません。

細く長く続けていくためには、大勝ちするのではなく、負けないことが大事です。

投資に自信のない初心者の方には、それなりの〝負けにくい〟投資法があります。

まずはそのための極意をお伝えしていきます。

ヨコヤマ式投資生活の極意その①
分けて散らす！

それでは、本項から投資生活のキホンを1つずつお伝えしていきましょう。

今、本書をお読みのみなさんは、投資初心者さんだと思います。

これまで、損するのがイヤで投資なんて検討したこともなかった、忙しくて投資に向き合う時間や労力がなかった、など理由はさまざまでしょう。

ですが、おそらく「慎重」な方々なのではないでしょうか？

実は「慎重な姿勢」（臆病な姿勢と言い換えてもいいかもしれません）は、投資の世界では非常に大切なポイントなのです。

「すべてのタマゴを1つのかごに入れるな」という、アメリカの有名なことわざがあります。

集めたタマゴをすべて同じかごに入れて運ぶと、万が一かごを落としたときにタマゴ全部がダメになってしまう危険性があるので、いくつかのかごに分けて運びましょう、ということですね。

要は、**「1つのことにすべてを賭けるな」。**

「投資」においては、まさにこれが大切になってきます。

なぜかというと、1つの金融商品に集中すると、それがコケたときに損をしてしまうからです。

ですから、いつ転んでもいいように、なるべくかごを多く分けて持ったほうがいいわけです。投資でも同じです。

食品メーカーB社の株だけを持っている加藤聡さん（31歳・会社員・独身）。B社の賞味期限偽装問題という不祥事が明るみに出て、ある日突然値が下がり、あれよあれよと言う間に上場廃止となってしまいました。残念ながら、株式は無価値、紙切れ同然です。

このような事態を避けるために株と債券とMMFと、さらに日本だけでなく外国も、というように**なるべく種類を分けて投資のための資産を持つことを「分散投資」といいます。**

ちょっと話はズレますが、慎重で安全志向という美徳を持つ日本人は、投資というマーケットに実はとても向いているのではないか、と私は常々感じています。大胆な手を打つ投資家は、一時的に成功することがあっても、いずれ大コケする運命にあります。

慎重だからこそ「分散投資」の大切さを深く理解できる私たちは、投資マーケット

大事なタマゴは分けて持とう！

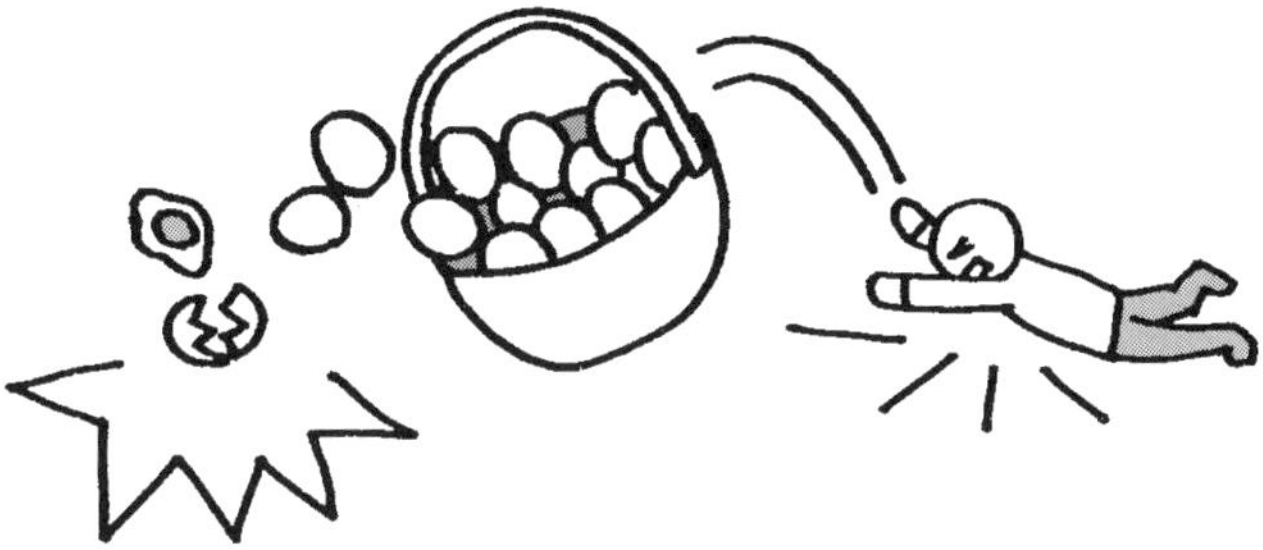

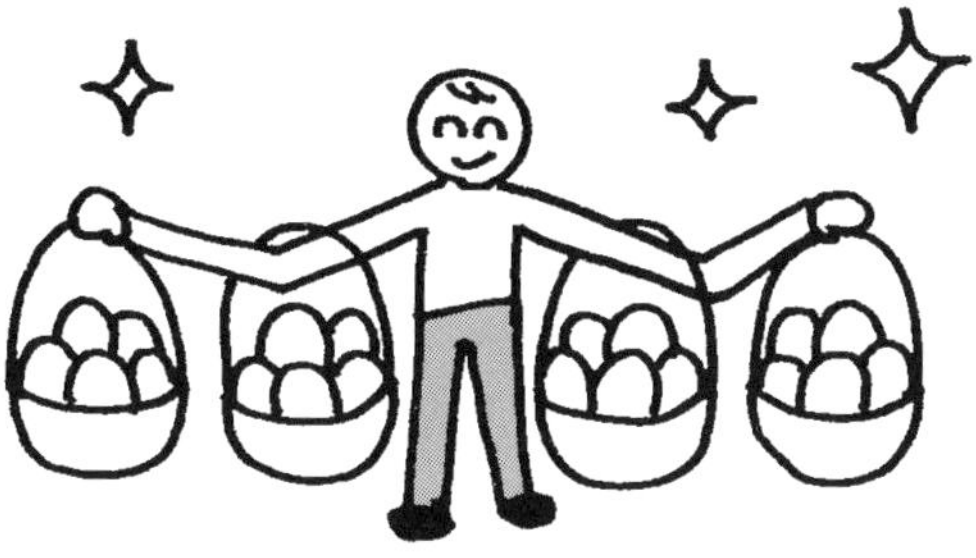

でもしぶとく生き残っていけるのです。

話を元に戻しましょう。

では、どのように分散させていけばいいのでしょうか。

キーワードは「ニチガイカブサイ」です。

まるで何かのおまじないみたいですね。

「日本・外国・株式・債券」を略したものです。

「分散投資」の基本中の基本。それは、資産の種類を4つに分けることです。

1 「日本のもの」と「外国のもの」に分ける

2 「株式」と「債券」に分ける

すると、次のページの図のようになります。

「ニチガイカブサイ」と覚えよう!

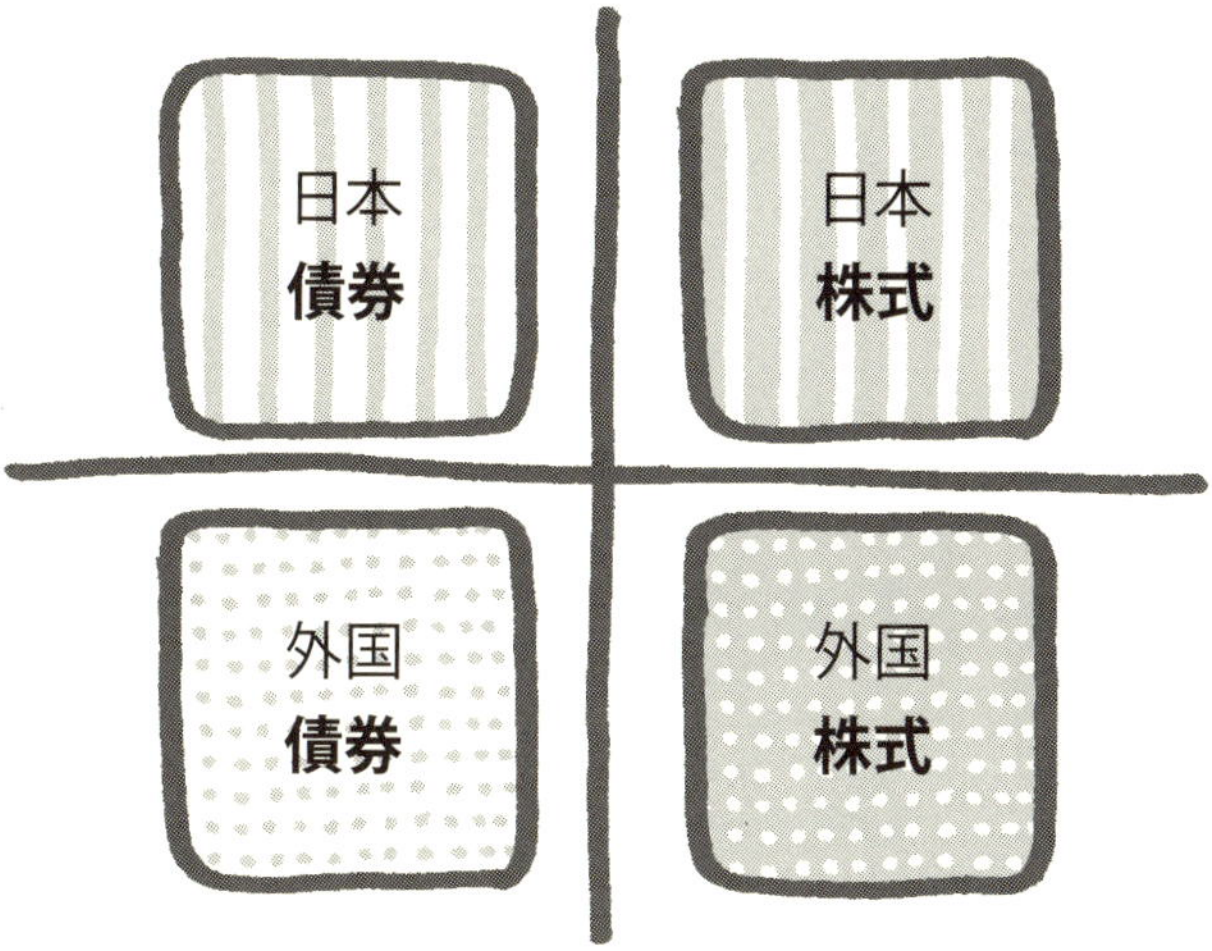
日本
債券
日本
株式
外国
債券
外国
株式

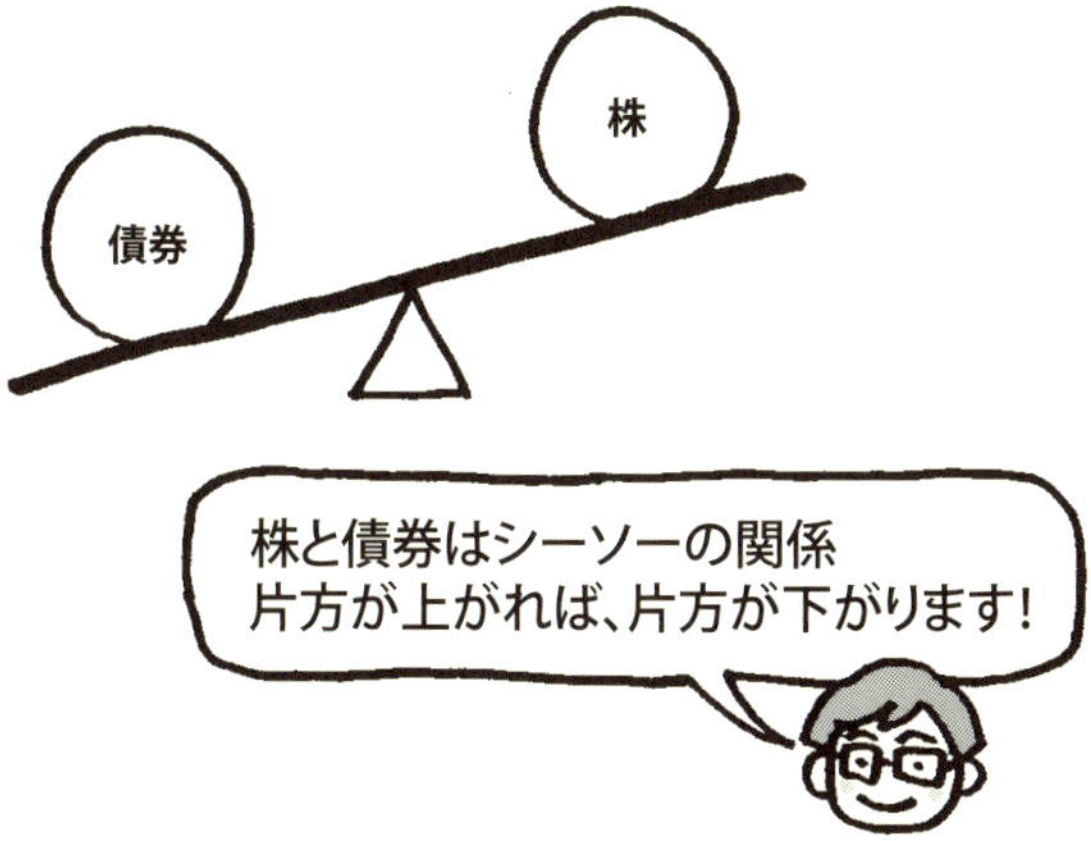
株
債券
株と債券はシーソーの関係
片方が上がれば、片方が下がります!

リスクを少しでも減らすためには、日本だけではなく、外国の資産にも目を向けましょう。日本経済が破綻するおそれもなくはないですからね。外国のものを買っても、一国だけだと危険です。複数国で持つのがポイント。

同様に、金融商品も1つだけに集中して、それが不調になったら大損してしまいます。まずは、「株式」と「債券」です。

「株式」と「債券」は、実はシーソーのような関係といえるでしょう。株式と債券の値動きは常に反対の動きをします。

どういうことかというと、債券は金利が上昇するときに値下がりし、金利が下落するときに値上がりします。

株価が上がるときは金利が上がるので、債券は値下がりします。

つまり、株だけを持っていると、暴落したときに大変な目にあいます。債券だけを持っている場合も同じですね。

株価が下がっても、債券が上がる。債券価格が下がっても株価が上がる、というふうに株と債券を両方持っていることで、リスクを分散することができるのです。

とにかく、分けて散らす！

これがいわゆる「分散投資」です。

それによって、安定した長期運用が実現しやすくなるのです。

ヨコヤマ式投資生活の極意その②
コツコツ積み立てる

早く成果を出したいからと、まとまったお金を金融商品に「突っ込む」人がいますが、あせりは禁物です。

まずは毎月少しずつ一定額で「積立」。これが2つめの極意です。

理由は2つあげられます。

1　一度に支払う出費を低く抑えられる

まずは、**低額でもスタートできる点が最大のメリット。**いきなり30万円を投資に回すことができなくても、月々1万円ならできる、という方も多いのではないでしょうか（後ほどご紹介しますが、インデックスファンドなら1000円からでも始められます）。2年半積み重ねていけば、投資額は30万円になりますね。

どの証券会社も自動で積立できる金融商品をたくさん用意していますので、積立預金と同じ感覚で利用できます。

2 高価格で購入する危険性を防げる

もう一つは、商品の値動きに最も効率よく対応できる買い方という点です。

仮に、毎月1万円分何らかの投資信託を買うとしましょう。

最初は1万円で1万口分買えたのが、値上がりして1万口あたり1万5000円になったら、買える口数が減少し6666口になりますね。

5000円になれば、買える口数は2万口に増えます。

このように、値上がりしたときは少なく、値下がりしたときにたくさん買えるのが、定額積立購入のメリット。

逆に、1万口なら常に1万口買うという定量購入にしてしまうと、投信が値上がりした際、予想以上にたくさんのお金を払うことになってしまうおそれがあるので、ご注意を。

ただし、定額購入が少しだけ不利になる場合もあります。

対象の投信が値下がりして割安になったときです。

たとえば、割安になったら、いつもの1万円ではなく、いっきに5万円分お金を投入してたくさん購入したほうがいいというふうにも考えられますね。

ですが、細かな値下がりは目をつむってしまってOKというふうに私は考えます。

普段は積み立て、商品が割安のときにはまとめ買いというのもいいですが、それには常に動きをチェックする時間と労力がかかります。

というわけで、あえてまとめ買いはせず、毎月同じ金額で、コツコツ積立購入していくのが、初心者さんにはベストです。

ヨコヤマ式投資生活の極意その③長ーい目で考える

私は投資生活を始めるみなさんに、「とにかく長期で」とお伝えしています。

それは、次の2つの理由からです。

1 短期間での売り買いで一喜一憂しないため

短期で投資をおこない、結果を求めてしまうと、どうしても勝つか負けるかといったギャンブル的要素が強くなります。

すると、ハイリスク・ハイリターンの商品に手を出すはめになるのです。

ハイリターンを求めるとなると、ベストなタイミングを見定めて売り買いをする必

郵便はがき

料金受取人払郵便

麹町局承認

2968

差出有効期間
平成30年8月9日
(切手不要)

102-8790

232

東京都千代田区平河町2－16－1
平河町森タワー11F

Discover
ディスカヴァー 行

お買い求めいただいた書籍に関連するディスカヴァーの本

年収200万円からの貯金生活宣言
横山光昭　1200円(税別)
「消費・浪費・投資」に分ければ誰でも必ずためられます!NHKあさイチで大反響の貯金術。20万部突破のベストセラー。

年収200万円からの貯金生活宣言 正しいお金の使い方 編
横山光昭　1300円(税別)
貯め方の秘訣は、「使い方」にあった!不安な老後や教育、結婚など人生のステージ別に具体的な貯金術を伝授します。

90日間　貯金生活実践ノート
横山光昭　580円(税別)
ヨコヤマ式90日貯金プログラムの書き込み式ワークブック。まずは3カ月!入門者にぴったりの書き込み式ワークブック。

貯金生活chokin!家計簿 <日付記入式>
横山光昭　1200円(税別)
「日付記入式」なので、思い立った今日からスタートできます。「消費」「浪費」「投資」別に書き込む、画期的な家計簿。

ディスカヴァー会員募集中

特典
- 会員限定セールのご案内
- イベント優先申込み
- サイト限定アイテムの購入
- お得で役立つ情報満載の会員限定メルマガ「Discover Pick Up」

詳しくはウェブサイトから!
http://www.d21.co.jp
ツイッター @discover21
Facebook公式ページ
https://www.facebook.com/Discover21jp

イベント情報を知りたい方は裏面にメールアドレスをお書きください。

1267　年収200万円からの投資生活宣言　愛読者カード

◆ 本書をお求めいただきありがとうございます。ご返信いただいた方の中から、抽選で毎月5名様に**オリジナル商品をプレゼント！**
◆ **メールアドレスをご記入いただいた方には、**新刊情報やイベント情報のメールマガジンをお届けいたします。

フリガナ お名前	男 女	西暦　　年　月　日生　歳
E-mail　　　　　　@		
ご住所　（〒　　－　　） 都道府県　　市区郡 電話　（　　）		
ご職業　1 会社員　2 公務員　3 自営業　4 経営者 5 専業主婦・主夫 6 学生（小・中・高・大・その他）7 パート・アルバイト　8 その他（　　）		
本書をどこで購入されましたか？　書店名：		
本書についてのご意見・ご感想をおきかせください ご意見ご感想は小社のWebサイトからも送信いただけます。http://www.d21.co.jp/contact/personal ご感想を匿名で広告等に掲載させていただくことがございます。ご了承ください。 なお、いただいた情報が上記の小社の目的以外に使用されることはありません。		

このハガキで小社の書籍をご注文いただけます。
・**個人の方：**ご注文頂いた書籍は、ブックサービスより2週間前後でお届けいたします。
代金は「**税込価格＋手数料(305円)**」をお届けの際にお支払いください。
・**法人の方：**30冊以上で特別割引をご用意しております。お電話でお問い合わせください。

◇**ご注文**はこちらにお願いします◇

ご注文の書籍名	税込価格	冊数

電話：03-3237-8321　FAX：03-3237-8323　URL：http://www.d21.co.jp

要があります。けれども、タイミングを見計らっての投資は、プロであっても難しいのが現状です。

そして結局、お金の面では損をしてしまい、精神の面では疲れはててしまう、という残念な結果になります。

そんなわけで、**苦労なく、手間もなく、ストレスもなく、コツコツ儲けるには、長い時間をかける投資がベストなのです。**

1週間前に買った株が急に2割も値上がりしたと聞いた徳島まゆみさん(38歳・主婦)。明日いきなり株価が下がったらもったいない!とあわてて売りました。ですが、その株はじりじりと値上がりを続け、3カ月後には4割増しに!もっと待って売ればよかった……と徳島さんは悔やんでばかりです。

金融商品の価格はいずれにしろ動くものだ、とまず心得ておきましょう。上がったり下がったり、を繰り返すのが当たり前なのです。

たとえば最初の３年間は保有する投資信託の価格がずっと下がったまま、続く２年は上がったまま。５年目でようやく激しいブレを回避できた、というような例もあります。私自身、５年どころか10年くらい保有しているものばかりです。

2「市場は伸びていくものである」という大前提があるため

投資の世界では大前提として「市場は伸びていくものである」と言われています。

１００年前より70年前、50年前より、20年前。というように世界的な経済発展に合わせて、少しずつですが市場は成長を遂げています。

たしかに過去、世界経済においては数多くの大恐慌や暴落が起きてきました。

ですが、そこで大損失をこうむるのは、生活に必要な資産をつぎこんだ人たちです。生きるために必要なお金やピンチのときに使う「守るお金」をよけておかなかったから、といえるでしょう。

一方、そのようなお金は別にとっておいて、「攻めるお金」だけで投資にのぞんだ人たちは、壊滅的な痛手を逃れることができました。

そして長期間、保有しつづけることで、恐慌や暴落を乗り越え、市場成長の恩恵にあずかれるわけです。

結局は、たとえ損失が出ても即座に生活に支障の出ない資金でおこなえばいいわけです。

そんなわけで、私は「余裕資金」で投資することをおすすめしています。

ヨコヤマ式投資生活の極意その④ 手数料を意識する

銀行預金をしていると、ＡＴＭでお金を引きだす際に手数料をとられることがありますね。低金利時代の今、１００万円を1年間預けても２００円くらいにしかならないのに、手数料で数百円とられると、とても損した気分になりますよね。

投資においても同じことが言えるのです。投資の対象となる金融商品はどれも、銀行預金以上に手数料がかかります。

ざっとあげるだけで、次のような手数料が存在します。

・販売手数料
・株式売買手数料
・信託報酬（投信の管理にかかる手数料）
・信託財産留保額（中途解約手数料のようなもの）

などです。

これらの手数料はすべて、金融機関の儲けとなります。

となると、この手数料をいかに少なく抑えられるか、ということが大事になってくるわけです。

商品によっては手数料のかからないもの、他社と比べて低いものもありますので、ここを見過ごさないようにしましょう。

金融機関のおすすめを信じてはダメ！

ところで、金融機関の言うことをすべて信用してはいけません。ただ説明を聞くだけならいいですが、実際に金融商品を買うとなると話は別です。

証券会社や銀行も商売なので、いくら親切に見えても、心の中ではなるべく自分たちが儲かる商品（つまり、手数料の高い商品）を売りたいと考えているからです。

場合によっては、たとえバランスのとれた良い金融商品でも、金融機関にとっての儲けが少ないとおすすめされず、向こうが売りたい商品を売りつけられることもありえます。

売り手側が儲からない商品イコール「私たち買い手にとっては手数料が安い・利幅の多い、良い商品」であることも多いのです。

証券会社は店頭やホームページなどで、目立つようにハイリスク&ハイリターンな商品を宣伝・販売しています。とりわけ、外国債券に投資する投信や毎月分配型の投信などが多く目につくようです。

美しいパンフレットやホームページで、おトクな商品とアピールしているので、つい目が行ってしまいますが、そうした金融機関イチ押しの商品は、ほぼ例外なく彼らが買ってほしい「手数料の高い」金融商品なのです。

では、こうした金融機関イチ押しの商品、いったい誰が儲けているのでしょう?

そうです、売り手である証券会社や銀行です。

手数料は、金融機関の取り分となるため、手数料の低い商品と手数料の高い商品があったら、なんとしてでも手数料の高い商品を売りたいのが本音なのです。

そこで、毎月分配があるとか、金利が高いなどと分かりやすい点をアピールして、それらがもっとも目立つように、豪華なパンフレットや見やすいホームページを作ります。当然、それらにはコストがかかっています。

手数料の高い商品を売るためにかけたコストを回収するためにも、より熱心にそれらの商品を売らなければいけないわけです。

というわけで、手数料の低い商品はちっともおすすめされません。

ですが、手数料の低い商品は必ずあるのです。

けれども、その存在に気がつかない方も多く、金融機関の思うツボとなっているのが現状です。

自分の側からだけでなく、相手の側からも「損得」を考えられるようになりましょう。

簡単&安全な投資法はズバリこれ！

ここまでお話ししてきた投資の極意、頭に入りましたか？

極意その①「分けて散らす（分散）」
極意その②「コツコツ積み立てる」
極意その③「長ーい目で考える（長期）」
極意その④「手数料を意識する」

初心者のみなさんは、この４つの条件を満たした金融商品を選ぶことが大切です。
とはいえ、金融商品は星の数ほどあり、この４条件を満たすものもたくさんあります。一つ一つを説明するのもすべてチャレンジするのも、とうていムリです。
ですので、ここでは、私が現場で実践してきて「投資初心者の初めての投資にぴったりのもの」をご紹介します。

初心者のみなさんが極意①〜④を実現しやすいのが、インデックスファンドという商品です。

インデックスファンドとは、投資信託の一種です。
「インデックスファンド」も「投資信託」も聞いたことないなあ、という方もいるかもしれませんね。
ざっくりとでOKですので、これらがなんなのかを理解してください。

投資信託とは「投資家から集めた資金（ファンド）を、プロが、株や債券などで運用し、成果に応じて収益を投資家に分配する」金融商品です。

プロにお任せできるという点で、初心者におすすめなのですが、ここでいう「プロ」って、誰のことか分かりますか？

投資信託の運用を専門におこなう会社に所属する、ファンドマネージャーのことです。

ファンドマネージャーは金融商品やマーケットに精通し、どうすれば収益を出せるか、どうすればリスクを最低限に抑えられるかを熟知しています。

さほど投資に詳しくない人なら、ファンドマネージャーに資金を託して、効率的に増やしてもらったほうが助かりますよね。

そんな発想から生まれたのが「投資信託」（略して投信）という商品なのです。

現在、日本国内で販売されている投信の数は、なんと3000種類以上にも上ります。初心者の方々は「そんなにあるのにどうやって選べばいいの？」と思われることでしょう。

リスクは少なく、でもなるべく利回りは多く、と考えるみなさんにぴったりだと、私が思うのは、「投信」の中でも断トツにチャレンジしやすいインデックスファンドです。

インデックスファンドは、証券会社はもちろんのこと、銀行でもたいてい取り扱っているので、非常に買いやすい商品です。

リスクが低い商品も多いので、投信の登竜門のような存在と言えるでしょう。

そもそもインデックスとは、証券市場全体や特定の証券グループでの株価の指標のこと。

それぞれ算出方法が異なりますが、簡単に言うと、日経平均株価は日本を代表する225銘柄の値動きの平均、TOPIXは東証1部上場の全銘柄（2000以上）の値動きの平均（平均値）を表します。

景気が上がればこれらのインデックスも上がり、景気が下がればインデックスも下がります。つまりインデックスファンドとは、インデックスに連動する値動きをめざす投資信託のこと。

ちょっと分かりにくいでしょうか。

投資対象が市場の平均値であるので、**いわば今後の経済動向に対して投資をするということ**なのです。

投資デビューはとにかく手軽なインデックスファンドで！

実際、私の家計相談の現場でも、みなさんこの「インデックスファンド」を利用しながら投資生活をスタートしています。

先ほどお話しした「投資の極意①〜④」を満たすことができる商品だからです。

極意その①「分けて散らす（分散）」
極意その②「コツコツ積み立てる」
極意その③「長ーい目で考える（長期）」
極意その④「手数料を意識する」

極意その①「分けて散らす（分散）」

リスクを減らすには、「分散投資」が有効です。

ニチガイカブサイ、覚えてますか？

日本&外国で株式&債券をそれぞれ4パターンで持つ、という話でしたね。

もし4万円の資金があったとして、1つの投資対象（たとえば日本債券）にそれをつぎ込んでしまったら、その金融商品が値下がりすると、すぐさま損してしまいます。

しかし、4万円を使って、1万円ずつ4種類の金融商品を買えば、1つが値下がりしても1つが値上がりして減った分を相殺する、という具合に、資産全体の値下がりリスクを減らすことができます。

インデックスファンドのすごいところは、いくつかの投信が組み合わされているという商品がたくさんあるという点です。

後ほど詳しく説明しますが、**1つ買うだけで「分散投資」ができるのです。**

極意その② 「コツコツ積み立てる」

毎月○○円ずつ、というように一定額を購入することで、最初は少なくてもムリなく着実に増えていく点が「貯金」と似ていますね。ネット証券で購入すれば、なんと1000円からスタートできます。

極意その③ 「長ーい目で考える（長期）」

株式のように値動きも激しくないので、忙しくてほったらかしにしがちな人にもぴったりです。長い目で考えることができます。

私、ヨコヤマもインデックスファンドを積立購入していますが、一番長く続けている商品で10年持っているものもあります。

株式投資だと、1銘柄か2銘柄だけ買ったとしても、毎日株価の動きや関連ニュースをチェックしなければならないので時間も労力もかかり、大変です。

しかし、インデックスファンドならそんな心配もいりません。

プロが経済状況や社会の動きを見て、運用しているので、保有者である私たち個人がいちいちチェックしなくてすむのです。

極意その④「手数料を意識する」

コストとしては販売手数料や信託報酬、信託財産留保額などがありますが、必ず発生するのは、信託報酬（投信の管理にかかる手数料）のみ。

信託財産留保額（中途解約手数料のようなもの）は、そもそも設けられていない投信が多いですし、最近は、販売会社（銀行や証券会社）の取り分となる販売手数料も無料（ノーロードといいます）の商品が増えました。

というわけで、コストが低い点もインデックスファンドの特徴です。持っているファンドが値上がりしていざ売ろうというとき、コストをあまり意識せずにすむのも初心者にはうれしいポイントでしょう。

積立タイプのインデックスファンドがベストな理由

混乱を招いてしまうかもしれませんが、インデックスファンドなら何でもいいわけではありません。

私は、毎月同じ日に同じ額を積み立てて買っていく**「積立投信のインデックスファンド」をおすすめします。**

なぜ、「積立投信タイプ」のインデックスファンドなのか？

それは手軽に始められるからです。具体的には次のような理由があげられます。

・資金が少なくてもできる

積立投信のインデックスファンドは、ネット証券で購入すれば、**月々1000円か**

おすすめは積立タイプのインデックスファンド

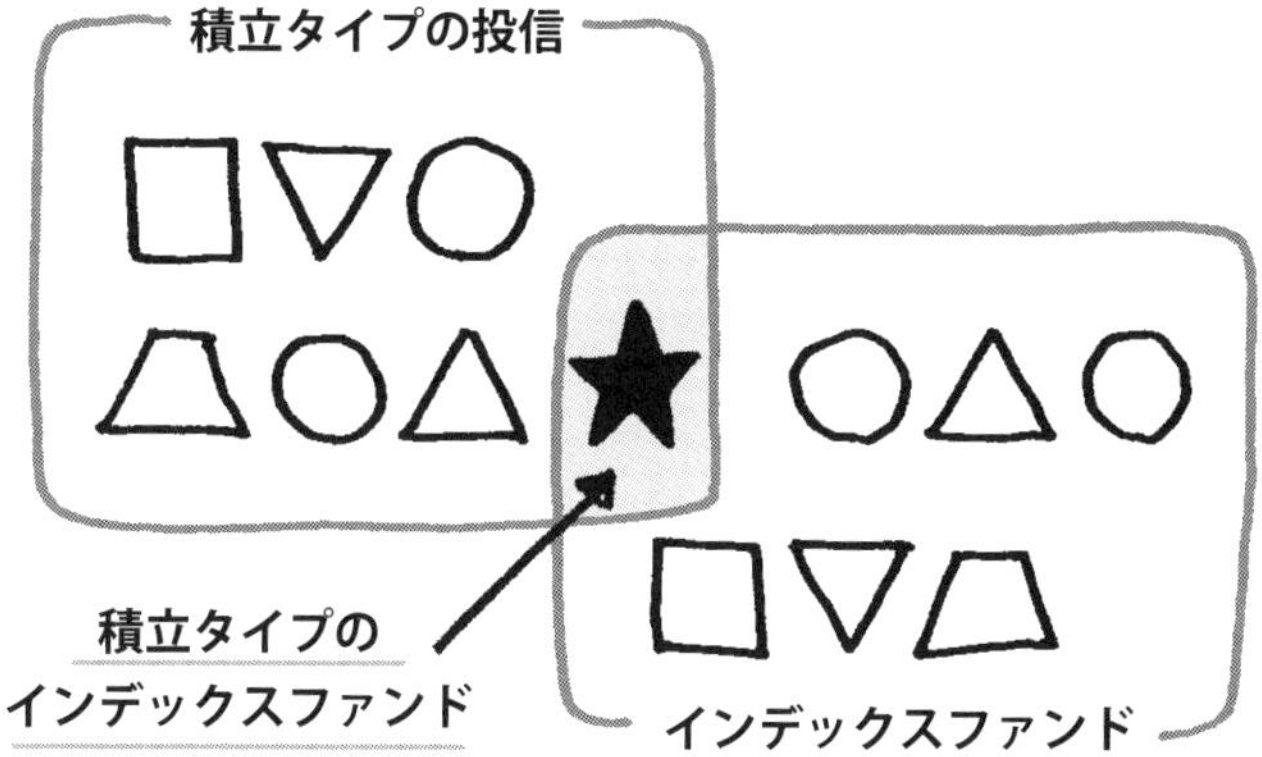
積立タイプの投信
積立タイプの
インデックスファンド
インデックスファンド

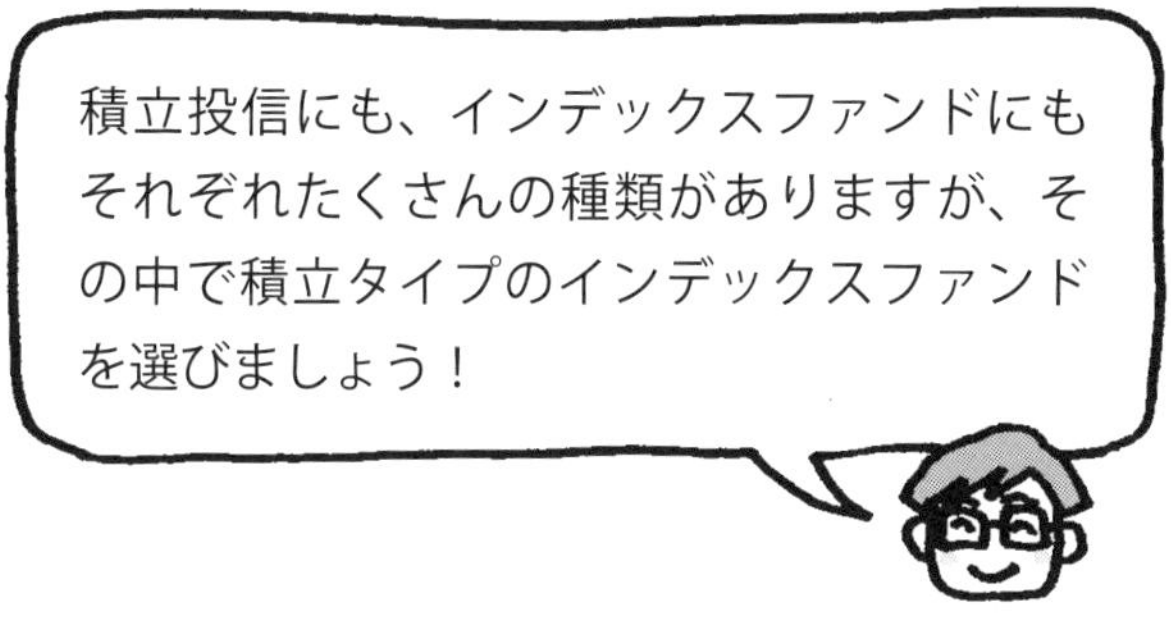
積立投信にも、インデックスファンドにもそれぞれたくさんの種類がありますが、その中で積立タイプのインデックスファンドを選びましょう！

らでも始められます。つまり、少額で分散投資ができる便利な商品なのです。

毎月1000円ずつ、というように一定額を購入することで、最初は少なくても着実に増えていく点が貯金と似ていますね。

・とにかくラク！　手間いらず！

最初に少し勉強して積立をする銘柄を選び、毎月の購入額を決めてしまいます。一度仕組みとして設定さえすれば、毎月の購入までも自動でやってくれます。

あとは、基本的にほったらかしでOKです（年に1回だけ見直し（リバランス）が必要）。とにかく面倒くさがりの人、忙しい人にぴったりなのです。

・怖さが少ない

まとまった金額での購入だと勇気がいりますが、毎月少ない額でコツコツと進むので、始めやすいでしょう。また「怖い」という気持ちがかなり軽減できます。

徹底比較！積立投信のライバルは預貯金!?

	預貯金	積立投信
リスク	基本的に元本保証（インフレになると価値が減るリスクあり）	（めったにないが）元本割れも起こりえる
利回り	普通預金：0.02% 定期預金：0.3%前後	元本割れ〜5％以上まで幅あり（3％くらいをめざしましょう）
コスト	なし	購入時・保有時・売却時（トータルで0.4〜0.8%）

本書でおすすめしている積立投信のインデックスファンドは、3%以上の利回りを想定しています。実績から見ると、可能な数字ですよ!

・始める時期を選ばなくていい

いつでも始められるうえ、少額でのスタートなので、相場の値動きや買うタイミングを意識する必要はありません。

・普通預金よりも増える！

長く続ければ、2~3パーセントの利回りも可能です。たとえば月々1万円ずつ積み立てていくと、5年間で60万円分を購入することになりますが、3パーセントで運用できると、トータルで64万8083円となります。

平均金利0・02パーセントの普通預金や平均金利0・3パーセント弱の定期預金に比べるととても大きく感じられませんか？

インデックスファンド、初心者はどこで買えばいい?

インデックスファンドを中心にして積立投信で投資をおこなうと、リスクが低く、貯金の延長線として始められるうえ、証券会社によっては月々1000円という少額からでもスタートできます。

それが分かると、だいぶハードルが下がってきたのではないでしょうか。

そうはいっても、インデックスファンドってどうやって買えばいいのかな? 証券会社には行ったことないんだけど……。大丈夫です。私もそうでした。

【やっぱりネット証券がおすすめ】

金融商品は大手証券会社や銀行でも買えますが、やはりなんといってもネット証券がおすすめです。

なぜなら、商品が豊富で、最低積立金額や手数料が安いからです。

ネット証券のホームページを見てみると分かると思いますが、あらゆる商品があり、買えないものはないのではないかというほどの充実の品ぞろえです。


いざ口座を開設したら、1万円など無理のない範囲で入金をしましょう。

その中から、一気に購入するのもいいのですが、初心者さんは毎月一定額が引き落ちるようにして購入してみましょう。

ネット証券によっては、銀行口座から引き落とし、クレジットカード決済も可能、など入金方法もさまざまな選択肢があります。


ネット証券とは、店舗を持たず、インターネットや電話で取引をする証券会社のこと。

・最少1000円から毎月できる

・販売手数料がかからないので、非常に安い
・商品のラインアップが幅広い
・直接店舗に行かずにすむ
・ただし入金方法が面倒なときもある
例:楽天証券、マネックス証券、SBI証券、カブドットコム証券、松井証券
(5大ネット証券と言われ、利用者も多く使い勝手も工夫されています)

「とはいえ注意が必要!」

実際に店舗のある証券会社もありますが、個人的には初心者のみなさんにおすすめしたくありません。

窓口で直接「こうですよ」と断言されると、「なるほど、そうだなあ」と思いこんでしまうような、まだあまり知識がない段階で話を聞くと、損をしてしまうおそれもあります。

注意が必要なのは、ネット証券であっても同じです。初心者さんに親切な画面構成になっていますが、目を引くのは、やはり手数料の高い商品が多いように感じられます。ネット証券を利用する場合は、良い意味でも悪い意味でも自分一人で完結してしまうので、その点注意が必要です。

162ページでご紹介する、書き込み型投資シートを活用するなどして、自分がどのような構成で資産を持っているのか、つねに把握しておくようにしましょう。くれぐれも売り文句に流されないように。

運用会社で買うこともある

また、証券会社ではなく運用会社からしか買えない商品（直販商品）もあります。どういうことかと言いますと、そもそも運用会社とは、お金をどこにどうやって投資するのかを考えて投信信託を作るのが仕事。一方、証券会社は、運用会社が作った投信を販売するのが仕事です。

投信は証券会社から買うのが通常ですが、例外的に運用会社が直接販売する商品もあるのです（一部のバランス型商品など）。

というわけで、商品によっては運用会社で購入することもあるという点を覚えておきましょう。

例：セゾン投信、三井住友トラスト・アセットマネジメント、三菱ＵＦＪ投信、コモンズ投信、鎌倉投信

インデックスファンド、初心者は何を買えばいい？

「どこで買うか」がわかったら、次は「何を買うか」です。

極意その②で少し触れましたが、インデックスファンドにおいても「分散投資」が基本です。あくまでニチガイカブサイ、のルールをお忘れなく。

積立投信のインデックスファンドには、さまざまな金融商品を組み合わせて1つのファンド商品としているものが数多くあります。

A 日本株式で構成されたインデックスファンド
B 外国株式で構成されたインデックスファンド

C 日本債券で構成されたインデックスファンド
D 外国債券で構成されたインデックスファンド
E それぞれを組み合わせたインデックスファンド

うーん。ややこしいですね。

でも、基本は変わりません。つまり、ニチガイカブサイの法則に従って分散で持つ、ということ。

その持ち方は大きく分けて2つあります。

持ち方①プロにやってもらうバランス型（グローバルバランス型）
持ち方②自分で組み合わせ型

どちらがいいかはあなた次第ですが、私は初めての方には次のような条件を出して、選んでもらっています。

□利回りは低くても安全で手間いらずがいい↓**持ち方①**
□リスクと手間は多少かかるが、利回りの高さに挑戦したい↓**持ち方②**
□貯金のように手軽に始めたい↓**持ち方①**

いかがでしたか？

順番に説明していきましょう。


持ち方①プロにやってもらうバランス型（グローバルバランス型）

すでにニチガイカブサイの法則どおりに組み合わせてあるファンドを持つやり方。

ニチガイカブサイの方式に従って、自らインデックスファンドを組み合わせるという持ち方もできますが、インデックスファンドの中身を自分でしっかり選ばなくてはならないので、ある程度の知識や研究が必要になってきます。

実際、それはちょっと自信がないとか、そこまで時間や労力をかけられないという方も大勢いるでしょう。

そのようなみなさんは、「バランス型」の積立タイプのインデックスファンドを購入するといいでしょう。

これは、日本も含めた世界全体の株式と債券、その他をバランスよく分散させてパッケージングされている商品なのです。そのため「グローバルバランス型」ともいいます。前述のEにあたります。

自分で複数のインデックスファンドを組み合わせて運用していると、年に一度は4つの資産のバランス配分を再調整（リバランス）する必要があります。

ですが、持ち方①のバランス型のインデックスファンドは、運用会社がそういったメンテナンスをすべておこなってくれるのです。

というわけで、初心者のみなさんに「積立投信のバランス型のインデックスファンド」をおすすめしているのです。

しかし、バランス型も良いことばかりではありません。

注意したいのがコストです。

証券会社や銀行の店頭で販売されている「積立投信のバランス型」は、場合によっては毎年2パーセント前後の手数料がかかるものもあるのです。

具体例をあげると、月々5000円の投信を買うとしたら、月に100円。1年間で計算すると6万円分買ったら、1200円が手数料として引かれてしまいます。

意外とこの手数料が、実際に得られる利益に大きく響いてくるのです。

とはいえ、良い手があります！

販売手数料がかからない投信もあるのです。

「ノーロード投信」といいます。

というわけで、信託報酬（投信の管理にかかる手数料）も低めで、販売手数料が無料（ノーロード）の商品を選択することがベストでしょう。

コストをしっかりと意識して、バランス型投信を利用してもらいたいと思います。

【商品の例】

・セゾン・バンガード・グローバルバランスファンド
・世界経済インデックスファンド
・楽天資産形成ファンド
・eMAXIS《イーマクシス》バランス

【購入可能な会社】

楽天証券、マネックス証券、SBI証券、カブドットコム証券、松井証券など国内証券会社。（ただし、セゾン・バンガード・グローバルバランスファンドはセゾン投信のみで、楽天資産形成ファンドは楽天証券のみで購入可能）

持ち方②自分で組み合わせ型

複数のインデックスファンドを自分で選び、４つの資産に分散して購入する方法。自分で勉強しながら好きなように組み合わせてみたいという方には、このやり方がおすすめ。前述Ａ～Ｄを組み合わせて持つ、ということに面白みを感じる人にはいいですね。

ただし、それぞれのインデックスファンドを自分で選ばなくてはいけません。初心者さんにはちょっとハードルが高いように思いますが、持ち方①を半年、一年と続けて自信がついてきたら持ち方②に移動するという方も多くいます。

ちなみに、利回りは持ち方①より高いです。その代わり、リスクも少し上がります。

自分で選んで考える分、格段に投資力がつくので、いずれこちらにチャレンジしてほしいですね。

私自身の実体験から、次の３つのシリーズが基本だと思います。

バランス型と組合せ型の違い

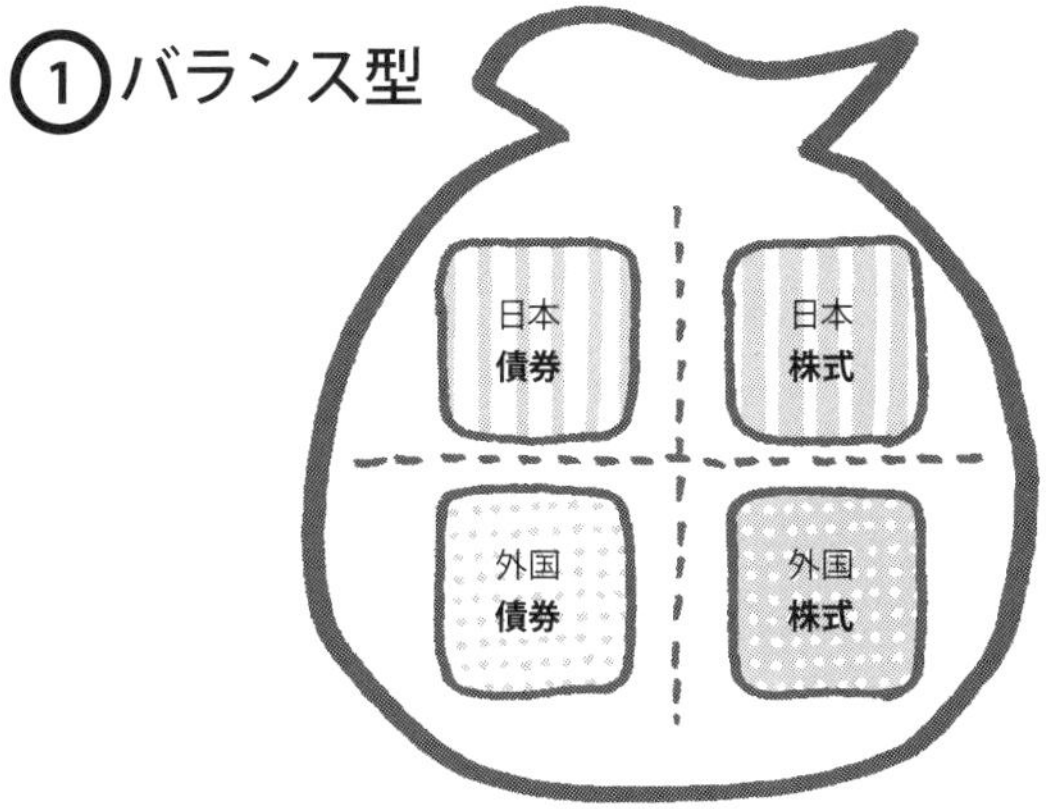
①バランス型
日本
債券
日本
株式
外国
債券
外国
株式

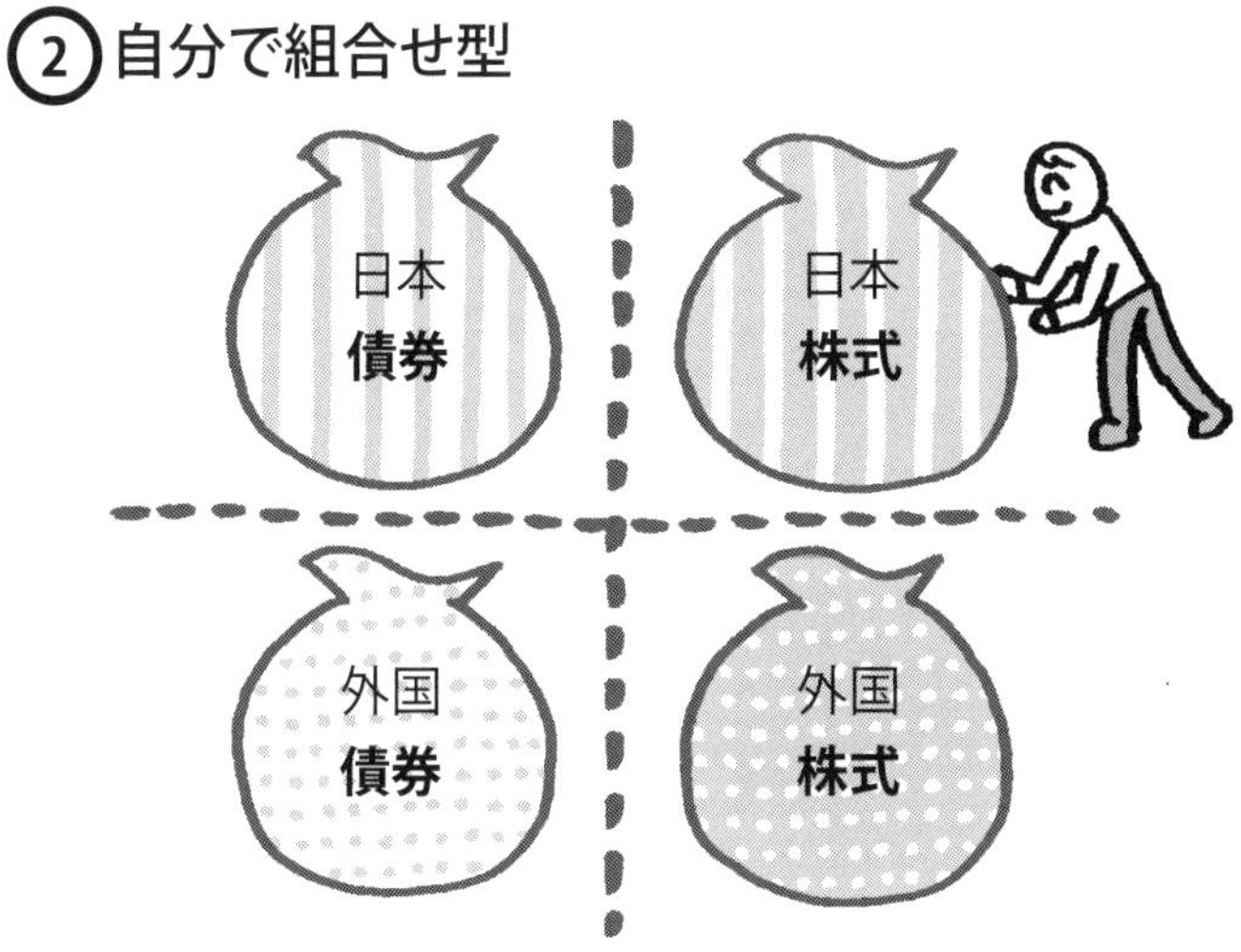
②自分で組合せ型
日本
債券
日本
株式
外国
債券
外国
株式

【商品の例】

・SMTインデックスシリーズ

・eMAXISシリーズ

・インデックスe《イー》シリーズ

商品によって、ニチガイカブサイの割合が異なります。比較・検討してみてください。

【購入可能な会社】

楽天証券、マネックス証券、SBI証券、カブドットコム証券、松井証券など国内証券会社。

インデックスファンド、購入後はどうする?

さて、購入してからの話ですが、定額購入の積み立てであれば、ある程度ほうっておいていいでしょう。私もそうしています。ヨコヤマ式投資生活の基本は、「長期」です。くれぐれも1、2年でやめたりしないでくださいね。

「金額にして○○円分までになるまで積み立てる」などの目標を決め、それまでは割り切って無視(ほったらかし)というやり方なら、忙しい方でも負担なくできますね。

ただし、あまりに放置しすぎると、資産全体に占めるインデックスファンド内の資産配分比率がズレて、狂っていくこともあるのです。

「リバランス＝資産全体の見直し」は、ぜひ定期的におこなってください。といっても、1年に一度くらいで充分。

リバランスをすると、自分が目標としていた資産配分の比率の変化に気づけます。予定した資産配分の目標比率より大きくなった資産があれば売り、小さくなった資産は買い足ししていきましょう。

そうすることにより、資産配分のバランスを保ち、安定した利回りや目標としているリスク配分を維持できるのです。

なんだかこむずかしい説明になってしまいましたね。

リバランスをすると、流動資産（投資用のお金やMRF）自体が不足しているのに、資産の大きな割合をファンドが占めているといった事態に気づくことができます。

資産の内訳を正しくキープするために、年に一度はリバランス！

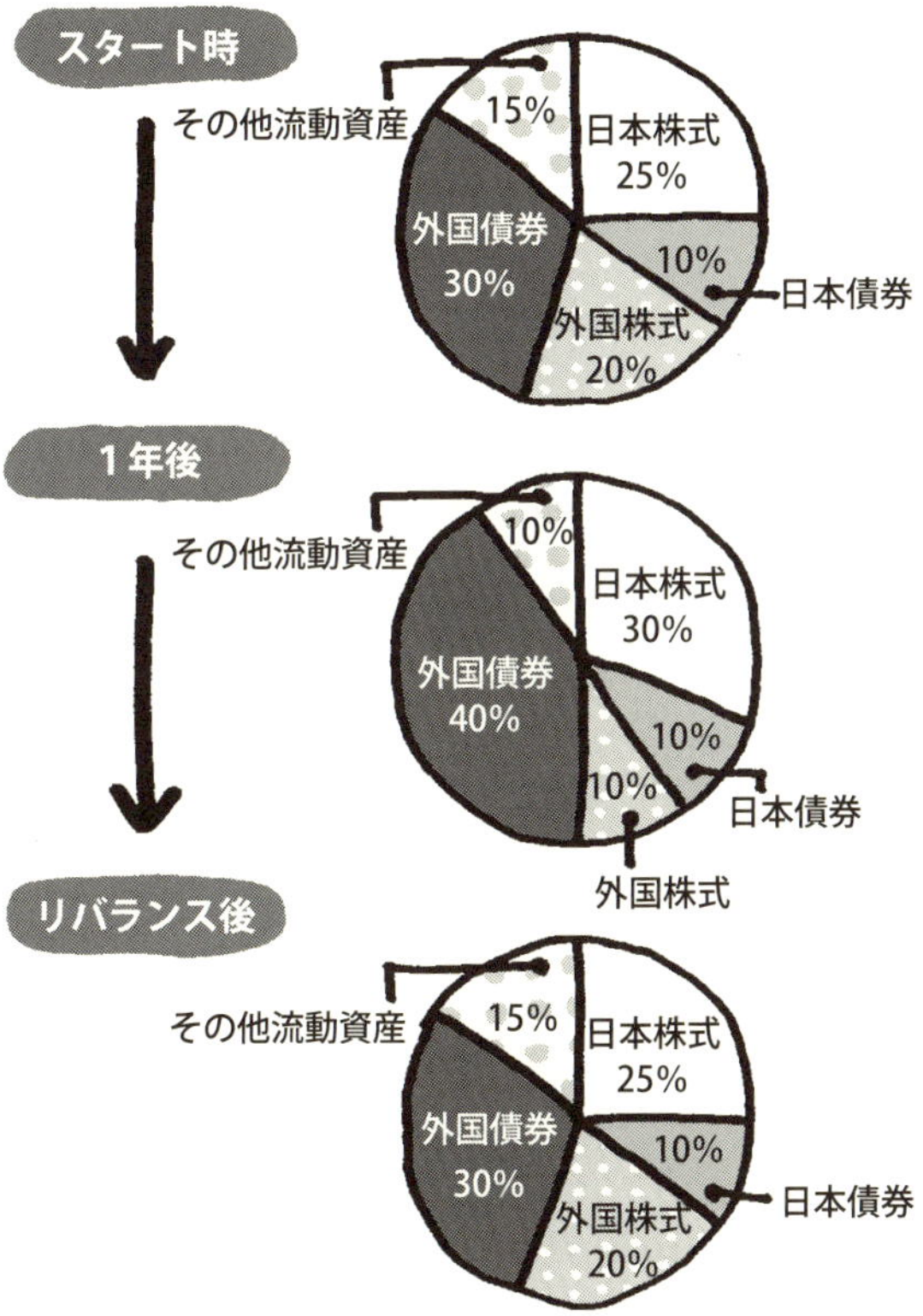
スタート時
その他流動資産
15%
日本株式
25%
外国債券
30%
10%
日本債券
外国株式
20%
1年後
その他流動資産
10%
日本株式
30%
外国債券
40%
10%
10%
日本債券
外国株式
リバランス後
その他流動資産
15%
日本株式
25%
外国債券
30%
10%
日本債券
外国株式
20%

スタート時の内訳に戻すために日本株式を５％分、売り、日本債券そのまま、外国株式は 10%分買い足し。外国債券は 10%売りましょう！

そんなときは、持っているインデックスファンドをある程度売って現金を作り、預貯金に回すことなども資産のバランスを保つのに有効です。

ちなみに、頻繁にファンドを売り買いすると手数料がかさみます。年に一、二度にとどめましょう。

「コツコツ積み立てる」というのは、そもそも長期投資を前提とした考え方ですから、見直しもそれほどまめにやらなくていいことが魅力です。

CHAPT.

3

積立でなく
まとまったお金を
投資するなら

まとまったお金を投資するなら①
年収分の貯金が大前提

2章では、貯金と同じように毎月一定額をコツコツと投資していく、まさに「ちりも積もれば山となる」式の、低額から始められる投資について、お話ししました。その最良の方法が、積立投信タイプのインデックスファンドというわけです。

この3章では、「1000円から始められる毎月積立型の投資」から一歩進んで、**ある程度まとまったお金（100万円等）がすでにあり、それを投資してみたいという方におすすめの方法をご紹介していきます。**

具体的な金融商品を紹介する前に、条件があることをお話ししておきましょう。

「まとまったお金の投資」の場合、低額を積み立てておこなう投資よりも、かなりハードルが上がります。

条件1：年収分の貯金＋年収の半分以上の余裕資金があること

低額を積み立てて投資する場合は、投資をスタートしてもいい条件として「年収の半分（6カ月分）の貯金があること」でしたが、**まとまったお金の投資の場合、少なくとも「年収分」が貯まっていることが大前提です。そして、年収の半分以上の余裕資金の中から、投資をおこなってください**（余裕資金の全額を投資に回す必要はありません。その中の一部でOKです）。

たとえば、年収200万円の方なら、すでに200万円の貯金、それに加えて100万円以上の余裕資金があることが条件です。

ずいぶん厳しい条件だなあ、と思われる方もいるでしょうか。

脅すわけではありませんが、まとまったお金を投資するとなると、どれほどリスクが少ない方法を選んだとしても貯金とは異なり、ある程度の損失のおそれもあります。

そうなったとき、なんの余力もない状態でのぞんでは、生活を送ることができなくなってしまいますよね。

そのための、最低限の防衛策なのです。

まとまったお金を投資するなら②一気買いはNG

私のこれまでの経験上、まとまったお金をいざ投資に回そうとすると、大半の人がその資金を一気に使おうとします。

せっかくある程度のお金を用意したんだから、どーんと突っ込んで、その分の利回りでトクしたい！という感情が働くようです。

ですが、そんなみなさんには、次の条件2をきっちり守っていただきたいと思います。

条件2：一気買いでなく分けて、買う

まとまったお金の投資といえども、2章でふれたとおり、「分散」は必須です。しっかり投資経験を積み、知識もあるという方なら、許容範囲内で一気にまとめて買うという手もなくはないのですが、やはり初心者さんは一気買いはやめるべきです。

みなさん必ず「一度に買って値下がりしたら……」と不安になりますからね。

私の場合、1回の投資で動かすお金は、基本的に30万円以内、多くとも100万円以内というルールを自分に課しています。同じ銘柄の投信を買うときすら、一気に買わずに何度かに分けて買うこともあります。

大切に貯めたお金を投資するのですから、小心者すぎるくらいでいいと思います。

たとえばの話ですが、100万円を33万円ずつ、1月、3月、5月と時期をずらして買うのも手です。

別の商品に分散投資するのもいいですが、この「時期をずらして分けて買う」方法も、リスク軽減のための「分散」の考え方の1つといえるでしょう。

まとまったお金で買いたい5つの商品

では、実際にまとまった金額を投資したい場合、どのような金融商品を選べばいいのでしょうか。

金融商品は星の数ほどあり、とまどう方も多いと思います。

比較的リスクが低く、初心者にも始めやすいのが次にあげる金融商品です。

私自身が実際に投資をしてきた中で、初心者さんに向いているものを厳選するとしたら、次のようになります。

①通常の（積立型でない）インデックスファンドを組み合わせて持つ
②ＥＴＦ（上場投資信託）
③個人向け国債
④外貨ＭＭＦ
⑤ＭＲＦ

実際に、私のところの相談者さんたちの多くがこれで投資をしています。
では、どんな商品なのか具体的にお話ししていきましょう。

まとまったお金の投資でおすすめ①インデックスファンド

①のインデックスファンドを組み合わせて持つ、というのは、2章でお話しした**「持ち方②自分で組み合わせ型」**と同じ発想です。

ただ、2章では積立型のインデックスファンドでしたが、ここでは積立型でないインデックスファンド（投信）というだけの違いです。

ですから、リスク軽減のためニチガイカブサイの方式に従って、自分でファンドを選び、購入してみましょう。

【商品の例】
・eMAXIS日経225インデックス（日本株式）
・SMT TOPIXインデックスオープン（日本株式）
・eMAXIS先進国債券インデックス（外国債券）

【購入可能な会社】

楽天証券、マネックス証券、SBI証券、カブドットコム証券、松井証券など国内証券会社。

まとまったお金の投資でおすすめ②ＥＴＦ（上場投信）

インデックスファンドに似た商品として、ＥＴＦ（上場投資信託）というものもあります。

ＥＴＦとは、証券取引所に上場し、株価指数などに代表される指標への連動を目指す投資信託のこと。

メリットとしては、利回りがインデックスファンドよりも高めで、安定している点があげられます。

それから、信託報酬が安いこともあげられますね。通常のインデックスファンドですとだいたい年０・５～０・７パーセントですが、ＥＴＦは年０・１～０・２パーセントです。

信託報酬は意外とバカにできない手数料ですからね。

デメリットとしては最低投資金額が、少々高いこと。ETFの種類によって違うのですがだいたい数十万円です。

積立型のインデックスファンドが月々1000円から買えることを考えると、少しハードルが高いですね。

また、月々○○円からといった積立での投資ができない点も覚えておきましょう。

名前に「投資信託」とついていることから分かるとおり、**投信の仲間なのですが、株式市場に上場しているので、売買の仕方は株式と同じです。**

証券会社に口座を持っていれば、株式市場が空いている時間に、いつでもすぐにETFを買えます。一般的な投信は、注文日の翌営業日に約定（取引成立）となるので、この点が異なっています。

いずれ株もやっていきたいという方には、同じ口座でETFを取引したほうが便利かもしれません。

私自身も、インデックスファンドにこのＥＴＦを組み合わせて投資をおこなっています。

インデックスファンドと同じで、ＥＴＦもインデックスに連動して動きます。感覚としては、日経平均やＴＯＰＩＸという名の株を買っているような感じです。

投信は３０００種もあるとお伝えしましたが、株の上場銘柄も何千種類とあります。何しろ、東証１部だけで２０００銘柄以上ですからね。

ですので、株を始めるときにも、ＥＴＦから始めてみるといいかもしれません。

また、日本以外の先進国の株価指数に連動するＥＴＦ（「ｉシェアーズ　ＭＳＣＩコクサイ・インデックス・ファンド」など）もあり、手軽に海外の金融商品に分散投資ができます。

【商品の例】

・TOPIX連動型上場投資信託

日本株式において代表的なETFといえます。コストや総資産、そして販売会社も多く、バランスが良いのが特徴です。私ヨコヤマ自身も、最初に買ったETFはこれでした。

・バンガード・トータル・ワールド・ストックETF

米国株を買いたいがよく分からないという方には、非常に広範囲に投資がされるため、この商品がいいでしょう。信託報酬も最安レベルです。

・バンガード・エマージング・マーケットETF

MSCIエマージングマーケット・インデックスに連動する商品。信託報酬も安く、新興国株式に挑戦してみたくなる気にさせられます。

【購入可能な会社】

楽天証券、マネックス証券、ＳＢＩ証券、カブドットコム証券、松井証券など国内証券会社。（ただし、バンガード・トータル・ストック・マーケットＥＴＦとバンガード・エマージング・マーケットＥＴＦについては、ＳＢＩ証券、マネックス証券、楽天証券でのみ購入可能）

まとまったお金の投資でおすすめ③個人向け国債

安全な金融商品といえば、代表的なのが銀行預金ですね。ですが、金融商品としてはあまりにも低金利です。それより多少金利がいいものとなると、「国債」があげられるでしょう。

日本政府が発行する債券であるため、安全性が高い点が魅力。最も一般的なのは個人向け国債で、手数料もかからず1万円から始められます。

主なネット証券でも取り扱っているので、手軽にスタートできます（ただし、最初の1年間は解約できません）。

個人向け国債には、次の3種類があります。

A　固定金利タイプ・3年物

満期までの期間が3年。購入時の金利が3年間固定。年2回利子が受け取れる。

B　固定金利タイプ・5年物

満期までの期間が5年。購入時の金利が5年間固定。年4回（4月、7月、10月、1月）発行。年2回利子が受け取れる。

C　変動金利タイプ・10年物

満期までの期間が10年。金利は半年ごとに見直される。年4回（4月、7月、10月、1月）発行。年2回利子が受け取れる。

どれがいいかと聞かれれば、私はCの変動金利タイプ・10年物をおすすめします。

この先、金利が上がった場合、固定金利ではその恩恵を享受できませんからね。今は低金利なので、これから金利が上がる可能性のほうが高いでしょう。

住宅ローンなら固定金利のほうが賢明ですが、国債に関しては変動金利のほうが良いと思います。

とはいえ、「国債を買う＝国の借金を増やす」ということなので、あまり良い投資対象ではないかな、と私ヨコヤマは考えてしまうのです……（もちろん、これは単なる好みの問題なので、買ってはいけない、というつもりはありません！）。

商品としては、前述のA〜Cの3種類があります。証券会社・銀行・郵便局で買えます。金融機関による商品内容の差はありません。

まとまったお金の投資でおすすめ④外貨ＭＭＦ

ファンドというのは投資信託のことですので、ＭＭＦ（マネー・マーケット・ファンド）も投資信託の一種。

投資信託には数多くの種類があって、株式型や債券型、外債型、バランス型などさまざまですが、ＭＭＦは公社債（国・地方自治体・公共機関の発行する債券）や、コマーシャルペーパー（優良企業が資金調達のために発行する短期の約束手形）といった短期の金融資産を中心に組み入れています。

これらは、値下がりリスクの低い優良な金融商品ばかりです。

そのため、投資信託は元本保証の商品ではないものの、円建てＭＭＦにはほとんど元本割れの心配がありません。

ですが、金利（分配率）が低い点と、１カ月以内の解約に手数料がかかる点がデメリットです。

実は、ＭＭＦには外貨建てのタイプもあります。

円建ての金融商品を組み入れているのは円建てＭＭＦですが、米国債など、米ドル建ての金融商品を組み入れていれば、米ドル建てＭＭＦになります。

日本ではほかに、豪（オーストラリア）ドル建てＭＭＦやユーロ建てＭＭＦ、英ポンド建てＭＭＦ、カナダドル建てＭＭＦ、ニュージーランドドル建てＭＭＦ、南アフリカランド建てＭＭＦといったものまで買えます。いずれも、銀行や証券会社などで取り扱っています（商品の種類は金融機関によって異なります）。

しかも、金利が円建てＭＭＦより高いものが多く、解約がいつでも可能な点が魅力

で、外貨建てＭＭＦのほうがおすすめ。

先にあげたとおり、ＭＭＦは比較的安全な金融商品を組み入れているのが特徴で、それは円建てでも外貨建てでも同じです。

けれども、注意してほしい点もあります。

外貨建ての商品は元本割れのリスクこそ少ないものの、為替リスクやカントリーリスク（国の信用リスクのこと。その国の政治・経済・社会の変化に影響されるリスク）が伴うので、「リスクを一切取りたくない」という人が外貨建てＭＭＦを選ぶのは誤り。

円に対して対象通貨が安いとき（つまり円高のとき）に買い、その後対象通貨が値上がり（つまり円安になる）すればいいですが、必ずしもそうなるとは限りません。

仮に南アフリカランド建てＭＭＦを買ったとして、かの地で暴動でも起これば、ランドは暴落するおそれがあります。

そうなると、元本割れを心配しなければなりません。

さらにいうと、南アフリカランドと世界の基軸通貨である米ドルでは、流通量がケタ違いに異なります。

マイナーで流通量の少ない通貨は、為替の変動が激しくなります。

米ドルであっても、アメリカ国内で何かあれば値下がりしますが、値下がりのレベルが違うのです。

まさしくジェットコースター並みのスピードで暴落するので、初心者が気軽に買うと、痛い目にあうでしょう。

しかしながら、マイナー通貨の金利は高く設定されています。たとえば、2013年5月末時点で、円建てMMFや米ドル建てMMFは、だいたいどの商品も0・1%以下ですが、南アフリカランド建てMMFは4パーセント台。

この高金利を見て、飛びつく人が非常に多いわけですが、為替変動のリスクを考えると、あまりおすすめはできません。また、高金利のメリットを打ち消しかねないほど、手数料が高いというデメリットもあります。

前述のとおり、外貨建てＭＭＦも銀行や証券会社で購入できます。会社による差はほとんどありません。

その代わり、「国」で選びましょう。どこの国の通貨をベースにしているかが重要です。リスクの低いものとしては、米ドル、ユーロ、豪ドル建てがあげられます。

まとまったお金の投資でおすすめ⑤MRF

もう1つのローリスクな金融商品としてMRFというものがあります。

マネー・リザーブ・ファンドの略で、公社債投信の一種です。

国債や社債といった金融商品の中でもかなり安定性の高い債券のみで運用されている投資信託を指します。

MRFは証券会社で証券総合口座を開き、MRFの申し込みをすることが必要です。けれども家計相談の現場では、普通預金の代わりに利用するのもOKとお伝えしているくらい、手軽で安全性が高い商品です。

どういうことかというと、まず証券会社に口座を開き、そこにお金を入れますよね。

すると、インデックスファンドなどに投資せずに口座に残ったお金が、自動的にMRFで当面、運用されることになります。そして、銀行預金でいうところの利息にあたる分配金が受け取れます。

投資信託の一種なので元本保証ではないものの、安全性の極めて高いもののみで運用するため、ほとんど元本割れすることはありません（実際、過去に元本割れを起こしたことは一度もありません）。

いつでも入金でき、いつでも引出（解約）ができるので銀行預金によく似ています。

運用会社によって多少変わってきますが、平均金利が0・1〜0・2パーセント前後と、普通預金よりは利回り（正しくは分配率）が高いので、銀行に預けっぱなしにしているお金は証券口座に入れるのも手です。

ちなみに、マネー・リザーブ・ファンドを直訳すると「お金をとっておくためのファンド」となり、まさにその名のとおりの金融商品といっていいでしょう。MRFは現金に近い存在、いわば「攻めるお金」の中にある**投資のための軍資金というイメージ**です。

よく「MRFはどの証券会社を利用するのがいいでしょう?」と聞かされるのですが、MRFは通常、どこの証券会社でも購入できます。会社によって運用の差はほとんどないといっていいでしょう。

分配金に多少の違いはありますが、基本的に同じ運用をするのでどこで買ってもOKです。

自分のタイプにぴったり合った投資をしよう

具体的な商品をご紹介してきましたが、それらをどのような割合で持てばいいか、迷われる方も多いと思います。

投資金額の大小は関係ありません。30万円でも、300万円でも、ご自分なりの投資タイプを決めて、それに沿った内容構成にすることをおすすめします。

①ノーリスク重視型：元本割れはイヤだ！という人におすすめ。定期預金や国債、MRFなどをメインとして運用するといいでしょう。外貨投資をしたいなら、外貨建てMMFをやってみるのもいいですね。ただし、ノーリスクを狙いすぎると、インフレリスクに対応できないので要注意です！

②**投資デビュー型**：投資とはどのようなものか、をつかむことが大切な初心者さんや安定した運用をめざしたいという人向けの比率。攻めるお金の40パーセントは元本を確保し、日本株式・外国株式によるリターンを取り入れていくためのバランスです。非常に安定した投資内容。

③**バランス型**：投資が少しずつ分かってきた！という人は期待できるリターンを高めて収益性を重視したいところです。日本・外国のバランスをとりながら、株式と債券で攻めるお金の8割を占める比率です。年に一度は必ずリバランスを。いざというときのために流動資産（定期預金やMRF）を残しておきましょう。

④**積極型**：株式を軸にして収益性を追求するため、リスクは高くなります。その点を理解したうえで、アクティブファンド（183ページ参照）や新興国、BRICs（ブラジル、ロシア、インド、中国）なども一部組み込むと、ハイリターンに。

次のページで分かりやすく円グラフにしてみましたので、参考にしてください。

①ノーリスク重視型

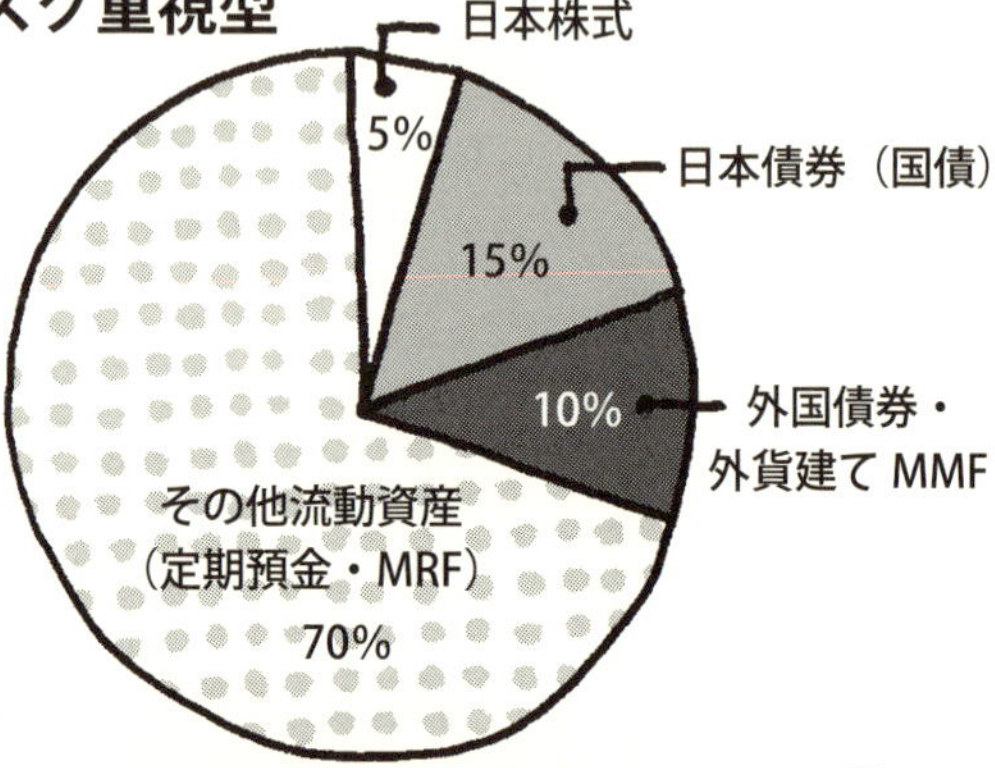
日本株式
5%
日本債券（国債）
15%
10%
外国債券・
外貨建て MMF
その他流動資産
（定期預金・MRF）
70%

とにかく絶対に元本割れしたくない人向け

②投資デビュー型

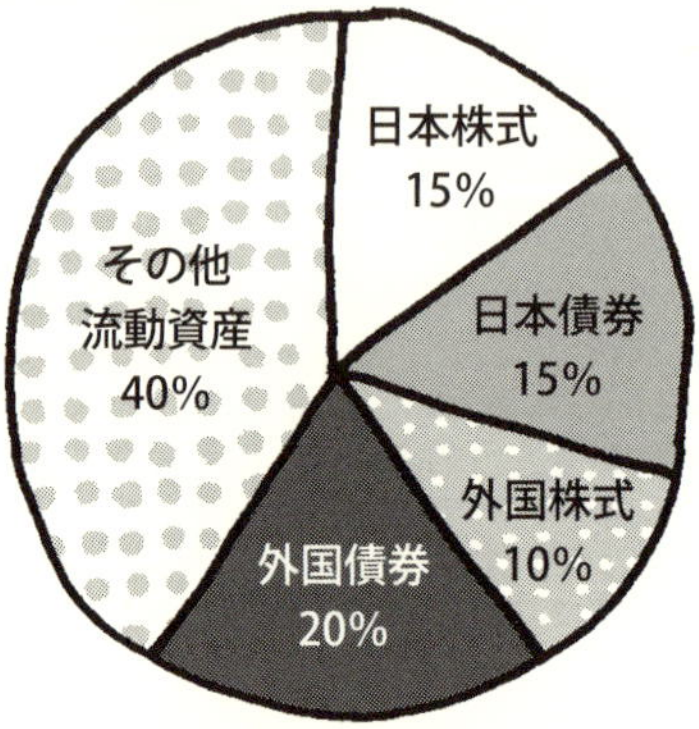
日本株式
15%
日本債券
15%
外国株式
10%
外国債券
20%
その他
流動資産
40%

低リスクで安定した運用をしたい初心者向け

自分のタイプに合った投資を！

③バランス型

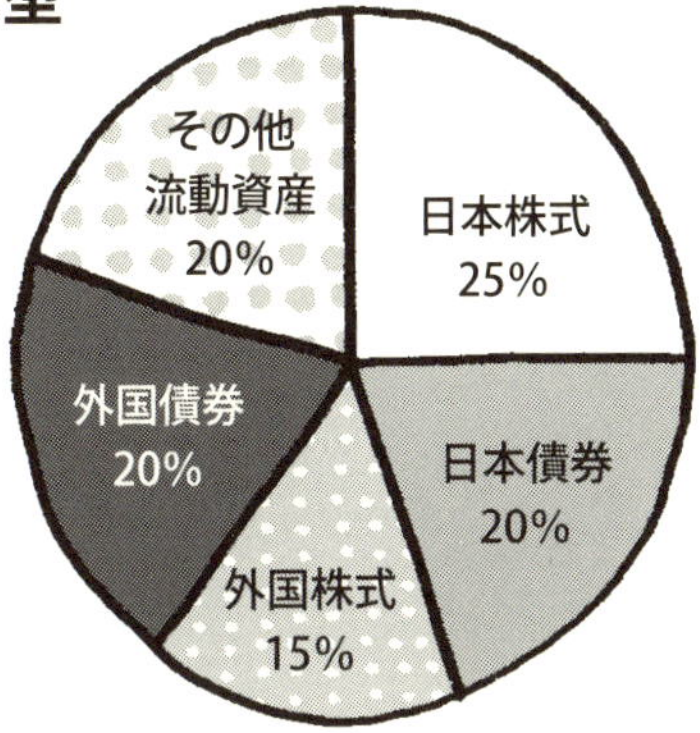
その他
流動資産
20%
日本株式
25%
日本債券
20%
外国株式
15%
外国債券
20%

投資が少し分かってきて、リターンを求める人向け

④積極型

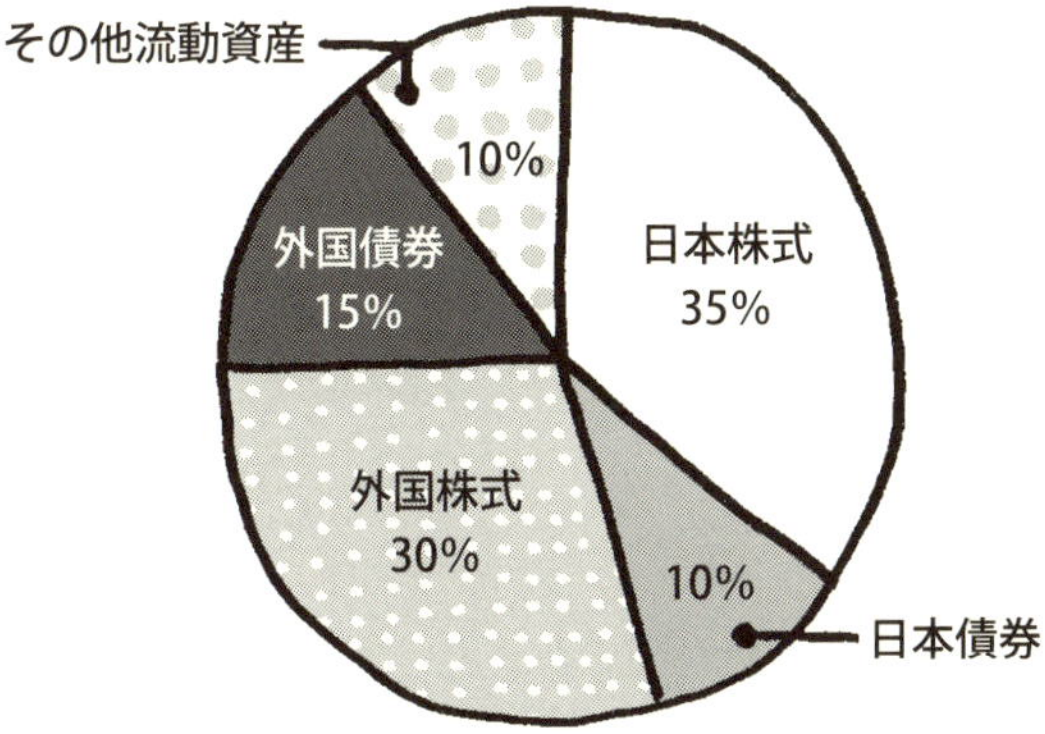
その他流動資産
10%
日本株式
35%
日本債券
10%
外国株式
30%
外国債券
15%

ハイリスクを理解したうえで収益性を重視する人向け

自分の資産を書きだしてみよう！投資シート

2章のリバランスについての説明でふれましたが、自分の資産がどうなっているのかを書き込んで一目で状況が分かるシートがあると便利ですね。

リスクを軽減しながら少しでも高いリターンをめざすため、**それぞれの資産をどんな割合で投資していくか考えるうえで、アセットアロケーションというものがあります。**専門用語なので、とまどう人も多いかもしれませんが、直訳すると「アセット＝資産」「アロケーション＝配分」、要は資産配分の考え方です。

実際、私のところの相談者さんたちにも、何にいくら投資しているのか混乱しないように、次ページのような投資シートを作ってご自分のアセットアロケーションを書き込んでもらっています。

2章でご紹介した毎月積立の投資の場合と、3章でご紹介したまとまった金額の投資の場合、と投資シートを分けています。

①毎月定額を積み立てて投資に回している場合のアセットアロケーション

（例：毎月1万円ずつ自分で組み合わせ型インデックスファンドを買っているAさん）

②まとまった金額を投資している場合のアセットアロケーション

（例：50万円をインデックスファンドやMRFに分けて投資しているBさん）

次のページで実際の記入例、その次のページにはコピーして使えるよう、投資シートのひな形をつけました。積立とまとまった金額の投資、ともにおこなっている人は、両方のシートを活用してみてください。

月々1万円ずつ積立投資して、2年が経った場合のアセットロケーション

資産の種類	商品名	全体に占める比率	金額
日本株式	SMT TOPIX インデックスオープン	30%	7万2000円
日本債券	野村日本債券インデックスファンド	20%	4万8000円
外国株式	eMAXIS 新興国インデックスファンド	25%	6万円
外国債券	eMAXIS 先進国債券インデックス	25%	6万円
		%	円
		%	円
		%	円
		%	円
		%	円
		100%	24万円

まとまった金額(50万円)を投資した場合のアセットロケーション

資産の種類	商品名	全体に占める比率	金額
日本株式	eMAXIS　日経225インデックス	25%	12万5000円
日本債券	SMT国内債券インデックス・オープン	10%	5万円
〃	個人向け国債（変動・10年）	5%	2万5000円
外国株式	eMAXIS新興国株式インデックス	15%	7万5000円
〃	SMTグローバル株式インデックス・オープン	10%	5万円
外国債券	米ドルMMF	20%	10万円
その他	MRF	15%	7万5000円
		%	円
		%	円
		100%	50万円

毎月積立投資した場合の
アセットアロケーション

資産の種類内訳	商品名	全体に 占める比率	金額
		%	円
		%	円
		%	円
		%	円
		%	円
		%	円
		%	円
		%	円
		%	円
		100%	円

まとまった金額を投資した場合のアセットアロケーション

資産の種類内訳	商品名	全体に占める比率	金額
		%	円
		%	円
		%	円
		%	円
		%	円
		%	円
		%	円
		%	円
		%	円
		100%	円

こんな投資はやってはいけない！
①毎月分配型投信

ここで、投資するうえで注意していただきたいものについてお話ししたいと思います。

まずは、相談者の方からご質問を受けることが多い、「毎月分配型の投信」についてです。

投信を検討したことのある方なら、毎月分配型という文字を一度は目にしたことがあるかと思います。

投信を買うと、買った口数に応じて分配金が出ますが、分配金は、原則として運用による収益から出されます。通常だと年に一度ですが、毎月分配型の場合は、１カ月に一度分配金が出るのです。

毎月お金が入ってくると、何だか運用がうまくいって、とても儲かっている気がしてうれしいもの。実際、毎月分配型ファンドは非常に人気があります。

特に、支持しているのは年金生活のシニア世代だそうです。

年金は隔月（偶数月）で支給されますが、無収入の月があるというのは不安なものです。その点、多少なりとも毎月分配金があれば、収入がとぎれないという安心感があります。

中には、そんなシニア世代のニーズにちゃっかり応え、年金が出ない奇数月に分配金が出るという投信もあります。

しかし、毎月分配型のファンドは、おトクに見えて本当は損ということも多いのです。

というのも、分配金には税金がかかります。本来、年に一度の分配金が毎月入ってくるとなると、税金面でのコストは増大。

また、投資環境が良好なときならいいですが、相場が悪く、ファンドが収益を充分に出せないと、分配金を毎月出すのが重荷になってきます。

すると、運用の収益ではなく、**元本を削って分配金を捻出することになり、元本割れをすることになるのです。**

また、何とか収益を出すために、これまでよりもファンドマネージャー側がハイリスクな運用に走る危険性も考えられます。そういった点が、毎月分配型の商品構造のゆがみです。

実際には、分配金はそんなに出ないけれど、収益がぐんと伸びて値上がりしてくれるようなファンドのほうが、投資のしがいがありますよね。

もちろん、**中には、収益重視で無分配の投信もあるのです。**

しかし、一見おトクに見える毎月分配型の商品が大量に出回ったおかげで、分配金がない、もしくは年1回では満足できないという方々が増えてしまいました。

毎月おこづかい感覚でお金を受け取れるのはメリットではありますが、本来の目的を思い出してください。

お金を着実に育てるために、投資を始めたのではなかったでしょうか？

それが、微々たるおこづかいに満足して、元本割れを見逃しているようではいけません。


あなたの大切なお金です。

目先の利益ばかりにとらわれず、ブレずに進んでいきましょう。

こんな投資はやってはいけない！
②不動産投資

ちまたでは不動産投資（主にマンション投資）のイベントが盛んに開かれていますね。

「魅力の高利回り。不動産投資で悠々自適な生活を！」とか「リタイア後も年収キープ。大家さんでラクラク老後！」などなど。

きっとみなさんも新聞や雑誌の広告でそのような売り文句をご覧になったことがあるのではないでしょうか？

まぎらわしいのですが、不動産投資はＲＥＩＴ（不動産投資信託）とは違います。

ここで言う不動産投資とは、ローンを組んで現物を持つ、つまり大家さんとなって、固定収入・不労所得を目的とするものです。

一方、REITは、多くの投資家から集めた資金で、商業施設、マンションなど複数の不動産を購入し、その賃貸収入や売買益を投資家に分配する商品のことです。

不動産投資で固定収入や不労所得を求める人が多いですが、はっきり言って、おすすめできません。

場合によってはきちんと結果が出る物件もありますが、そもそも**日本における不動産投資の多くは、高額の資金が必要でかつリスクも高いのです。**

それを知っている私は、希望者が本当にそんなにたくさんいるのだろうかと、好奇心からイベントに参加してみました。

すると、会場が非常ににぎわっていて驚きました。不動産投資の成功者の話を聞ける、1000人規模での大イベントです。

成功者として壇上に上がっている人たちの話には共通項がありました。

それは、どの人も「手元に余裕資金がある状態で不動産投資をおこなっている」ということ。

つまり、わざわざフルローンを組んでまで、不動産投資をおこなっているような人はいないのです。

実際、毎月ムリのある額でローンを組んでいる人は、自分の持ち家の購入ですら失敗していますね。もちろん、不動産投資でも同じです。

イベント参加者がそこを本当に理解しているのかは分かりませんでしたが、成功したいのなら、手持ち資金に余裕がないと失敗する確率が高いということを知っておかねばなりません。

では、不動産投資で成功する確率はいったいどれくらいなのでしょう。

現場で問いつめてみると、最後の最後で担当者がぼそりと言いました。

「まあ、100人に1人ですね」。

つまり、99人は失敗しているというわけです。

不動産投資が難しいのは、主に次のような理由からです。

- **家賃収入の減少**
- **空室リスク**
- **維持費用の高騰**
- **資産価値の低下**
- **大家としての物理的・精神的負担**

ざっとあげるだけでも、こんなにあります。

不動産投資は、何千万という資金を投入して、実質はほんの2〜3パーセントでの不安定な運用となっているのが現実です。

2〜3パーセントの利回りですと、今あげた失敗の理由に1つでも当てはまったら、利益が出なくなってしまいます。**莫大な金額を投資するわりには、赤字になる可能性が高い、と言わざるをえません。**

結局、ハイリスク・ローリターンの運用方法であって、賢い人は手を出さないのです。これは、お金の専門家の間では常識です。

こんな投資はやってはいけない！ ③外貨預金

投資は元本割れするかもしれないから怖い！と思っても、銀行への預金については警戒しないという方も多いのではないでしょうか。

ですが、注意していただきたいのが、「外貨預金」です。

「預金」という言葉がつくせいで、安全そうなイメージの「外貨預金」ですが、実は円建ての預金よりも、格段に高いリスクのある金融商品であることを覚えておきましょう。

外貨預金に関心を持つのは、次のようなメリットがあるからという方が多いですね。

・預金というからには、安全で元本割れしないイメージ
・円預金よりも金利が高そう（国にもよるが、1年物で1～4パーセント前後）
・日本経済の先行きが不安。すべての資産を円で持つのは危険すぎるから外貨を持ちたい！（リスク回避のため）
・為替差益で大きな儲けが見込めそう

ですが、くれぐれもご用心ください。

このような好イメージで外貨預金にチャレンジした方々が、次々とひどい目にあっていることをご存じでしょうか？


そもそも外貨預金とは、米ドルや豪ドル、ユーロ、カナダドル、南アフリカランドなど、さまざまな国の通貨で預金をする金融商品です。魅力としては、金利が高い点、うまくいけば為替差益で大きく儲けることができる点などがあげられます。

一方、銀行などの金融機関のおすすめトークを聞いているだけでは、見落としてし

まいがちですが、外貨預金には次のような大きなデメリットがあるのです。

・為替相場の変動で大幅な損が出る

・手数料が高い

前述の「為替差益で大儲けできる」というメリットを裏返せば、大きな損が出るという理屈。実際、為替相場の読みはプロでも難しいのが実情です。

たとえば、こんなケースもあります。

円定期預金だけに入れるのは危険だと思い、退職金の一部の300万円を豪ドルの外貨預金に回した佐々木正雄さん（65歳・男性）。スタート当時は6パーセント近い高金利だったものの、為替相場が大きく動いたため、価値が2割以上目減り。結局、現在は240万円と、金利どころか約60万円ほども損をしてしまいました。

もう1つ、「手数料が、実は高い」という点も見逃せないデメリットです。
残念なケースをご紹介しましょう。

資産形成だけでなく、旅行に使えて便利という理由から、100万円で1年定期の米ドル預金を始めた遠藤典子さん（43歳・女性・会社員）。購入時と満期時の為替相場の変動はほとんどなかったので、為替差益で儲けることはできなくても、金利分（0・1パーセント）は儲けられるだろうと思っていました。ですが、フタを開けてびっくり！ 金利どころか、元本割れです。理由は、円預金では考えられない高い為替手数料のせいです。

為替相場に変動がなくても、気をつけたいのが為替手数料です。

外貨預金では、円をいったん外貨に換えて預金し、満期で円に戻すのですが、その際に為替手数料が発生します。

それが1ドルあたり2円前後。となると、1万ドルで2~3万円もかかってしまうのです。

預けるだけで元本割れ。ずいぶん損な金融商品だと思いませんか?

前述のように、手数料は売り手の取り分となるため、金融機関側ははっきりとした説明を避けがちです。

くれぐれも「預金」という言葉につられないようにしましょう。

COLUMN

手間をかけすぎてもムダだった!?
ヨコヤマの投資失敗談

1章でもお伝えしたように、さまざまな投資法を試した結果、現在の私は、株価指数に連動するインデックスファンドを、一定の割合で毎月定額を購入し、積み立てていくという投資をメインの柱にしています。

このやり方だと、手間がほとんどかかりません。ほったらかし状態でOK。時間に余裕がなく、しかも面倒くさがりやの私は、このやり方で早10年以上。継続もしっかりできています。

それというのも、過去の苦い経験があったからです。

以前は、日本の個別株投資をやっていました。のめりこむあまり、株式市場が開いている昼間に、仕事の合間を見てチェックするようになってしまったのです。高じて、株式チェックの合間に仕事をするような、本末転倒の状態に。

ですが、それほど熱心にやっていたのにもかかわらず、あるとき厳選した銘柄が、市場全体が下がったことに引っぱられ、一気に値下がりを起こしました。

そのときに思ったのは、懸命に分析を重ね、市場が下落しても値上がりするよう対策を打ったつもりになっていたのにそれらは結局ムダだった……という脱力にも似た感覚でした。結局、お金も時間も失ったわけです。

こういった個々の株式売買の次には、プロ（ファンドマネージャー）が良い銘柄を選んで運用する投信である「アクティブファンド」もやりました。

プロが高い手数料をもらって市場の平均を上回る収益率をめざして運用しているのです。うまくいくにきまってる！　そう思って、挑戦しました。

でも、結局は赤字となりました。

理由は、アクティブファンドはうまく投資すれば高い結果を出せるのにもかかわらず、お金もないのにリスクの高い新興国のものを買ってしまった点にあります。

アクティブファンドは、リターンが比較的高い分、負けるときも損失が大きいことを実感しました。それ以来、私はアクティブファンドには手を出していません。

ETFもやりました。ETFは最低投資金額が大きいのが難点ですが、インデックスファンドよりも信託報酬が安いのがありがたい点です。

ですから私の場合、初めにETFに投資するのではなく、インデックスファンドで一定の割合で毎月定額を購入し、積み立ててある程度まとまった金額になるとETFへシフトさせる、ということをしています。

あとはリバランスを年に一度くらいやれば完了。手間がかからないので、とても快適です。

大きな儲けはのぞめませんが、「インフレに弱い普通預金や定期預金だけでなく、このような形で投資しているから大丈夫だ」という安心感があります。

CHAPT.

4

自分への投資で幸せな今と未来をつくる!

自分への投資が実は最もリターンが大きい

2章、3章では主に「お金を育てる＝お金への投資」についてお話ししてきましたが、4章では、「自分を育てる＝自分への投資」についてお伝えしたいと思います。

3章末のコラムでもお話ししたように、私は金融商品への投資で一喜一憂＆右往左往した時期があります。

脈絡なくたくさんの金融商品に手を出し、冷静さを失いました。今思えば半ば中毒になっていたのかもしれません。

その経験をふまえ、私は金融商品だけに時間やお金を費やすのではなく、自分自身を商品としてとらえ、「自己投資」をすることがもっとも効率的で効果が高いのでは

CHAPT.

4 自分への投資で幸せな今と未来をつくる！

自分を育てる投資生活

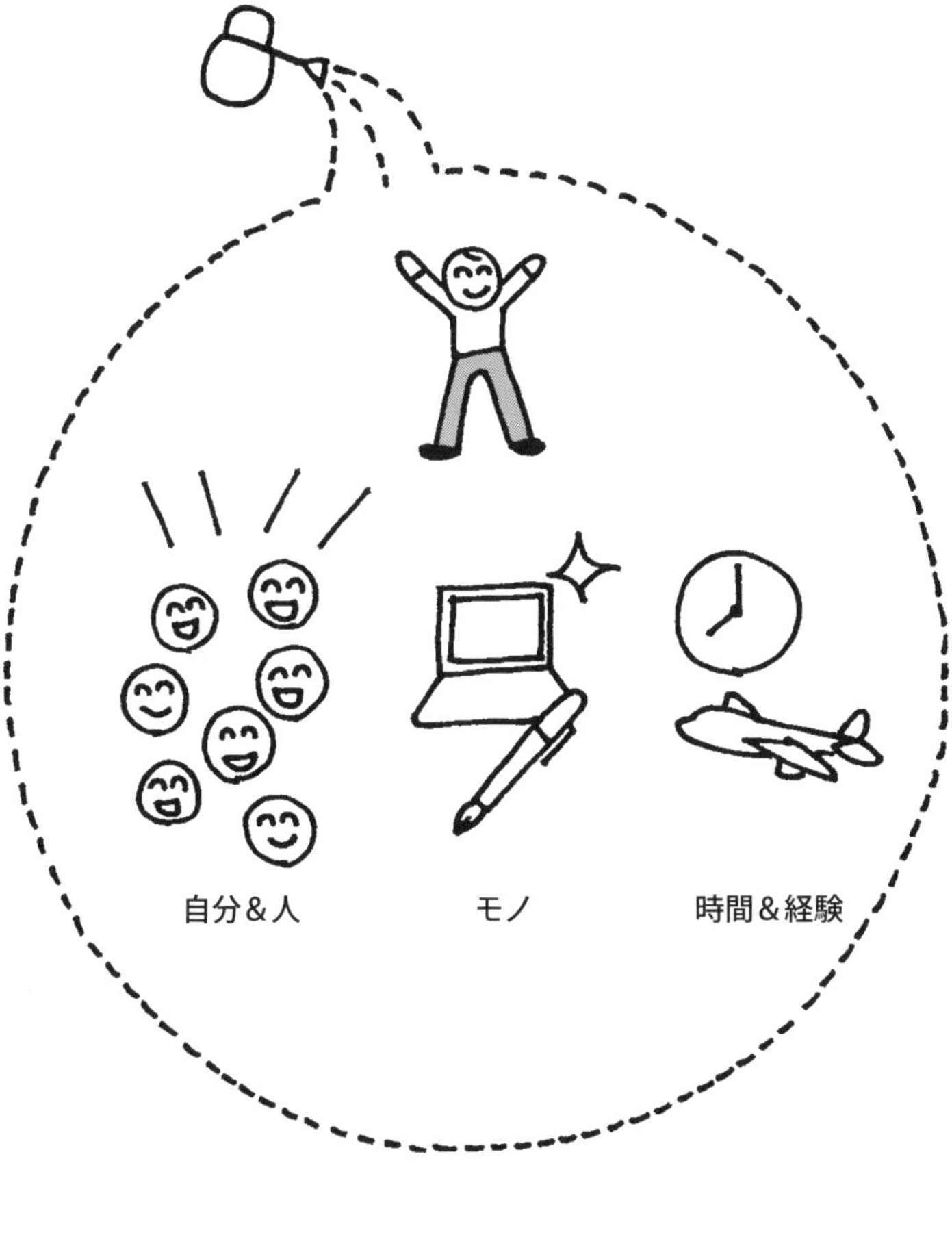

ないかと思うようになりました。

「貯金生活」でもただあくせく節約に励むだけでなく、夢や目標、自分なりの楽しみを見つけて並行してかなえていくことで、両方に大きな成果をもたらしています。

そこで、「投資生活」でも同じように考えてみたわけです。

実際、金融商品への投資と並行して、自己投資をおこなうことによって、心の安定や精神的な成長を手に入れ、豊かな人間関係を築き、ストレスのない充実した生活を送っている依頼者の方々がたくさんいます。

どの方々も、「お金への投資」と「自分への投資」のバランスを上手にとることによって、非常に満足感の高い毎日を過ごしているのです。

お金や時間を費やす対象は自分自身だけではありません。
あなたの家族や大切な人たち、あなたを支えてくれるものや経験もその対象となります。

相談者さんのケースだけでなく、私自身も実感していますが、実はこの「自己投資」のほうがよっぽどリターンは大きいように思います。

自分自身の成長や他者からの感謝などによってポジティブな感情に満たされます。結果として、毎日の生活が楽しくなり、いきいきと過ごすことができるのです。

先行きの見えないこれからの時代においては、自分の気持ちを前向きに保つことこそが、幸せに暮らす秘訣なのではないか、と私は考えています。だからこそ、この「自分への投資」が大切なのです。

それでは「お金への投資」と並行しておこなうからこそ、高い効果を発揮するその内容を、お伝えしたいと思います。

お金と自分の関わり方を考える

投資を考えるうえで、決めておきたいこと。それは、「お金との関わり方」です。貯金にしても投資にしても、結局は「自分はどう生きていくのか」を考えておく必要があるのです。

やみくもに「たくさんのお金が欲しい」では、貯金も投資もうまくいきません。

どんな人生を送りたいのか
どんなことを実現したいのか
どんな人と関わっていきたいのか

そのために、どれくらいの金額が必要なのか ←

順番にくれぐれもご注意ください。

「いくら増やしたい」が先に来てはダメです。どう生きていくのか、を考えておく必要があるのです。

景気が良くなり投資ブームだから株を買う、不景気だから普通預金しかしない、といったやり方では、結局あなたの人生は外的要因に左右されるばかりです。

あなた自身の価値観を持っていなければ、何を買うか何を買わないか、いくら使うのか使わないのかといった判断はできません。いつも周囲の状況に流されてしまいます。うまくいくはずがありません。

得られる金銭的利益の大きさばかりにとらわれないでください。利益以上にストレスが多くては、あなたの人生にプラスになりません。

自分なりの価値観に基づいた投資をして初めて「あなただけの投資」となるのです。

「今」を意識する現金主義がやはり最強！

7000を超える家計を見てきて分かったことがあります。
「当たり前のことを当たり前にすれば、お金は増えていく」ということです。

収入が少なくても実は、しっかりと資産がある人は大勢います。
取材などでしばしば、その人たちの秘密を教えてください、と聞かれるのですが、何度分析しても、「当たり前のことを当たり前にしている」というのが一番の秘訣という結論に達します。

当たり前のこととは、**月々の収入の範囲内で支出を収める**ことです。

うまくいっている人はみな、収入の範囲内で暮らして、その差額をコツコツと貯めていきます。そしてそれを上手に投資に使い、増やすのです。

一方、お金の貯められない人は、月々のお金の流れをあまり気にしないで、3カ月後あるいは1年後、貯金額がいくらになるのか、といった想像ばかりしています。

貯める人は、今を意識して過ごします。
ですから、現金主義です。

今日いくら使ったのか、今お財布や銀行口座にいくらあるのか、といった感覚をとても大切にします。

その結果として、自然とお金が残っているわけです。

したがって、キャッシュフロー（お金の流れ）を狂わせるようなものは使いません。今いくら使っていくら残っているのかが分からなくなるからです。

クレジットカードのように、ポイントを貯めるためにムダな買い物をしてしまうこともありません。

ちなみに、現金主義で過ごすと、お金を出した（払った）という感覚をしっかりと実感できます。日々の生活を通じて、何にお金を払い、払わないか、という価値観ができあがっていきます。

単純ではありますが、やはり黄金ルールなのです。

これからの時代、収入が増えても減っても、「自分軸」という武器さえ持っていれば大丈夫です。

消費・浪費・投資、本当に分かっていますか?

ところで、ここでちょっと「貯金生活」のおさらいをしましょう。

「消費・浪費・投資」というモノサシでお金の使い方を分けることが、ヨコヤマ式貯金プログラムの基本でしたね。

その割合は、収入を100とした場合、それぞれ次のようになります。

消費:70パーセント(生活に必要なものに使うお金)
浪費:5パーセント(ムダづかい)
投資:25パーセント(有効な使い方をするお金)

家計相談の現場で数多くの依頼者さんたちを見てきましたが、この3つのモノサシを使いはじめて1年以上たっているのにあまり成果が出ない、という人は、この「投資」の基準が甘い人であることが多いのです。

たとえば、「投資」を「将来役に立つ（であろう）ことにお金を使う」といった漠然とした解釈でとらえていたとしましょう。

すると、何でもそこに分類してしまう人がけっこう多いのです。

飲み会も投資、カフェでのケーキセットも投資、月イチの美容院も雨の日のタクシーも投資……。本当に「投資」でしょうか？

そこで、もう1つ、「今、どうしても必要なわけではないもの」という条件を加えてみてください。

ちょっと分かりにくいでしょうか？

「必ずしも今必要ではないが、あとで役に立つ」お金の使い方だけが、「投資」です。

すると、これまで「投資」と分類していたものが、そこから外れていきませんか？

桜木誠一さん（30歳・男性・会社員）のケースです。

「人脈づくりにつながるし、有意義だよ！だから投資だ」という言い分のもと、飲み会に行きました。桜木さんにとって、その飲み会は今はたして必要なもの、必要ないもの？どちらでしょうか？

桜木さんが心から行きたいと欲しているのであれば、桜木さんにとって今必要なことイコール「消費」です。行っても楽しめず、特に有益なことがないならば、単なるムダづかい、つまり「浪費」といえます。

飲み会に行ってはいけない、ということではありません。

「投資」として自分に言い訳しながら行くのではなく、これは「浪費」あるいは「消費」である、と認識したうえで、行くか行かないかを決めてほしいということなのです。

女性のみなさんが「投資」に分類することが多い、洋服代や美容費（ネイルサロンや美容院代など）、お菓子なども同様です。

服もバッグもお菓子もその人にとって今必要、かつ欲しいから買っている、ということをあらためてしっかりと自覚してください。

ですから、「これは投資だから、ブランドのバッグを買ってもいいんだわ！」というのは×。そのブランドバッグはあとで役に立つものでないかぎり、どう取りつくろっても「消費もしくは浪費」なのです。

それから、お子さんのいる方の場合、教育費が落とし穴となりがちです。

たとえば、塾代や習い事を「投資」とする方も大勢います。しかし、子どもが成長する過程で「今必要なもの」であることも多いわけです。

具体的に言えば、学校の勉強についていけないから塾に行かせる。これは「消費」です。

ですが実際、学校の勉強には充分についていけるが、進学校に行かせたいから塾に通わせる、これは「投資」となるわけです。

もちろん、あとですべてが役立つと言いきれない部分もありますが……。

いかがでしょうか？

みなさんは大丈夫でしょうか？

「投資」という分類に入れることで、ついつい自分に甘くなる方が多く、それがかえってみなさんの成長を妨げているので、厳しいことを言わせていただきました。

ですが、そのように厳しく判断をしていたら、いったい何が投資になるの？と悩まれる方もいるかもしれませんね。

いいんです、大いに悩んでください。

「投資とは何か？」を追及することが、お金の使い方だけでなくどんな人生を送りたいかをはっきりさせる、最良のトレーニングになるのですから。

ヒューマンキャピタルとか人的資本という言葉がありますね。

人生経験によって成長していく知識や技能、判断力のことを指すのですが、自分でそれらを育てていくためにお金をかけることは有効なのではないでしょうか。

「今は必ずしも必要ではないが、習得することによって、自分のためにも人のためにも、役に立つこと」を意識してみましょう。

ちょっと分かりにくいかもしれないので、私の例を挙げますね。

私は業務をするためにファイナンシャル・プランナー（ＦＰ）という資格を取得しました。ですが、ＦＰの資格を取ったというだけでは知識も経験も足りず、とうてい他人様のお役には立てません。

資格を取ったあとに、いろいろと時間と経験、そして実際にお金をかけて、人に求められている情報や体験を取得して、他のファイナンシャル・プランナーさんたちよりも抜きんでられるように努めています。

そのためにかかるお金は「投資」としています。


勉強や仕事だけではありません。

たとえば、家族と過ごす時間を、私は基本的に「消費」としています。生きるうえで必要なものですからね。

ですが、普段以上に家族に時間とお金をかける際は、自分の中で「投資」と分類しています。その「投資」した分が、私に仕事をがんばるモチベーションやエネルギーを与えてくれるからです。


今必要かどうか、で判断してください。必要なものは「消費」、必要のないもので、今後なんらかの役に立つだろうものが「投資」と考えましょう。

お金が増える人ほど「投資」を細かく分けている

一方、お金の面でどんどん成長している人、赤字を解消して貯金が伸びている人、貯金を作りつつ投資にも成功している人は、３つのモノサシのうちの「投資」の部分に、強いこだわりを持っています。

具体的にいうと、上級者になるほど、毎月の「投資」の部分をさらに細分化させているのです。

まず、**投資の25パーセントを2つに分けましょう。**

まず最優先は、貯金ですね。将来のため蓄えていくお金です。

前著では、貯金は全体の16・7パーセント（6分の1）が理想だとお伝えしてきま

投資 25%をさらに分ける

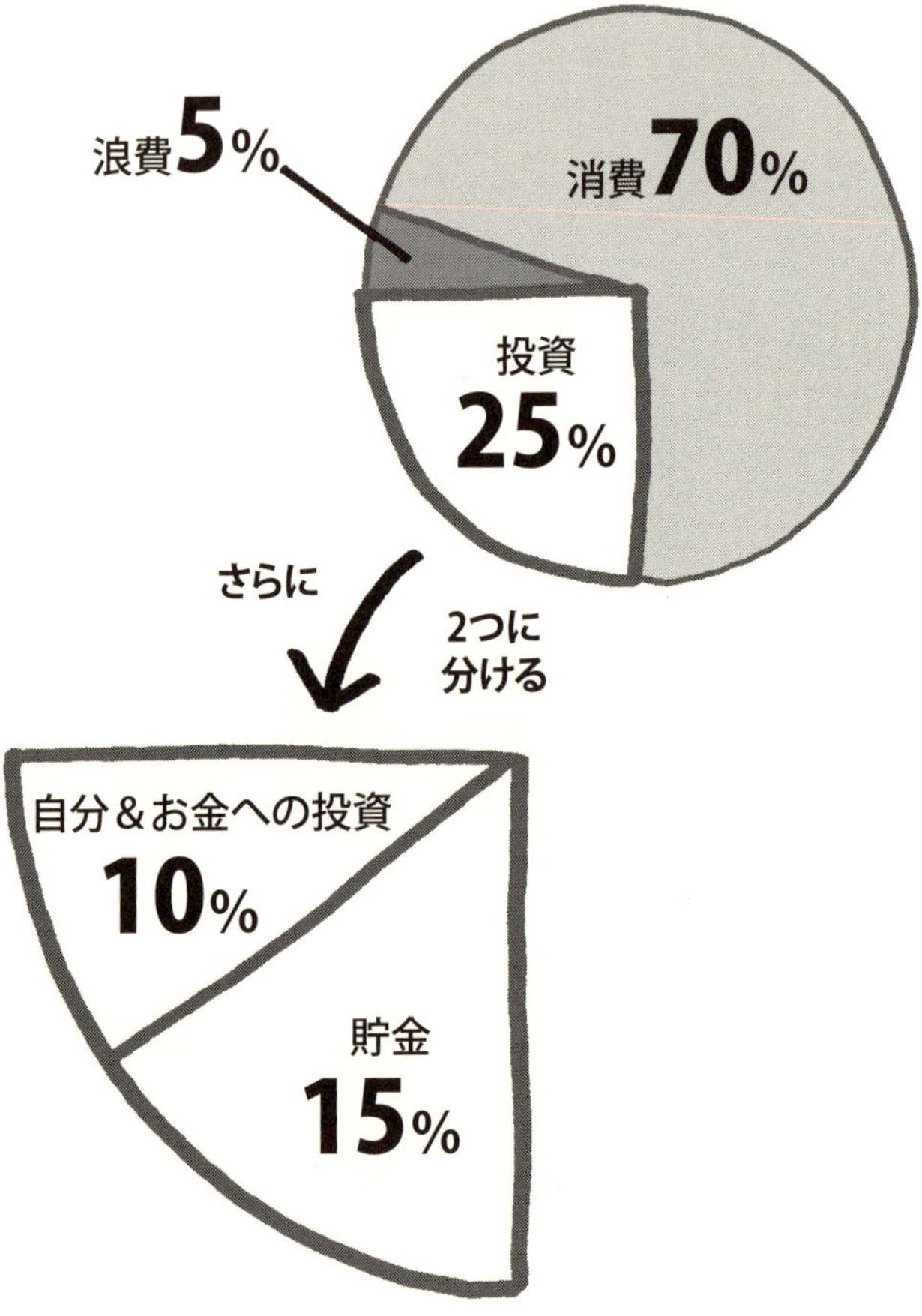

浪費5%
消費70%
投資
25%
さらに
2つに
分ける
自分＆お金への投資
10%
貯金
15%

した。ですが、ここでは分かりやすくするため、ざっくりと全体の15パーセントを貯金としましょう。

次に25パーセントから「貯金の15パーセント」を引いた残りの10パーセント分です。この10パーセントをいかに有効に使うかがポイントなのです。

使い道としては、「お金への投資」と「自分への投資」の二本立てです。2、3章であげてきたように、投信やMRFといった投資に回してみましょう。

もちろん、それだけでなく語学の勉強のために外国映画を観たり、セミナーに行ったり、習い事をしたりといった**自身の成長や経験などにもお金を使ってください。**

「投資」の項目をうまく使いこなせるかどうかがカギとなるのですが、そもそも何が「投資」にあたるのかというのは、非常に個人的な価値観によるので、一概にはいえません。

だからこそ、自分にとっての「投資」とは何なのかをはっきりさせると、非常に効果が高いのです。

お金の代わりに労力・時間・経験を役立てよう！

お金を使っての「自分への投資」もやっていただきたいのですが、私が相談者さんたちと接している中で、ものすごいパワーを実感しているのが**「お金を使わない自己投資」です。**

どういうことかといいますと、お金の代わりに、自分の労力や人脈・経験や技能・思いやりを使うのです。思えば、大昔「貨幣」というものが存在しなかった頃は、誰しもそうやって生きてきたわけです。

そして、それこそが実は人が生きていくうえで非常に大切なことなのではないかと思っています。

では、やり方をご紹介しましょう。

まず、あなたの時間や労力を費やす対象を、「自分・家族」「人（他人）」「モノ」「経験・時間」この４分類で考えてみてください。

①自分・家族：家族を含めた自分
②人（他人）：自分と家族以外の人
③モノ：実際の品物
④経験・時間：体験したことや、過ごした時間

①〜④の割合は、みなさんご自身で決めてけっこうです。

すべてを自分・家族に使った月もあれば、②の他人にと④の経験・時間に使った月もある、というふうに。

具体例をあげましょう。

平松悟さんは29歳の会社員男性。育児休暇中の妻と0歳の赤ちゃんがいます。今月は次のようなことに時間と労力を使ってみました。

① 自分・家族：疲れのたまっている妻が週1回ひとりで外出できるよう、週末は子どもとお留守番

② 人（他人）：隣家の一人暮らしのおばあさんの庭の草むしりをやってあげる

③ モノ：今はあまり聞かなくなった洋楽ロックのCDを、取引先で知り合った知人にあげる

④ 経験・時間：さびしがり屋の故郷の両親に、子どもの写真を自分でレイアウトしてパソコンで作ったアルバムをプレゼント

さて、どんな効果があったでしょうか？

①育児疲れでイライラしていた妻の機嫌がよくなった！
②おばあさんにとても感謝されて、大量のりんごをもらった！自分自身とても良い気分になった
③CDにとられていたスペースがあいて部屋がスッキリ！知人もうれしそう
④編集ソフトをうまく使いこなせるようになり、写真を選ぶ技術も上がった
感想：今月は、なかなか良い過ごし方ができた。来月は仕事関係の人脈をケアしてみよう！

1つ1つは小さなことですね。ですが、周囲の人に感謝されたり、家族が幸せそうだと、平松さん自身の気分もアップします。

身近な人の精神状態を良くしてあげられるようになると、自分にとっても快適な環境となっていきます。

隣家のおばあさんがくれたりんごのような物理的な効果は出ることもあるし、出ないこともありますが、良いことをするとめぐりめぐって自分にかえってくるものです。

ちなみに、私自身も同じような経験があります。

借金家計の相談にのった際、お金が足りず料金はあとでお金ができたときに支払うという約束をした相談者さんがいたのですが、仕事の技能を生かして我が家の壊れたクーラーを直してくれたり、家でとれた野菜を大量に送ってくれたりして、非常に助かりました。

あとからお支払いも受けましたが、今でも家族ぐるみで休日をいっしょに過ごす仲です。

このような例は他にもたくさんあります。

お金も大切ですが、お金では買えないものも育てていきたいものですね。

漠然とした不安の解消が目的になっていませんか？

「漠然とした不安からお金を増やそうというのはダメなんですか？」という質問が多く寄せられます。

「ダメではありませんが、**自分自身に問いかけて目的や夢などを書きだしてみてください**」というのが、私の答えです。

具体的な目標と金額があったほうが達成率が高まるというのが理由ですが、もう1つ理由があります。

漠然とした不安を起点に貯金や投資をすると、不安はいつまでもぬぐえないので

す。

安心するためにはお金が必要だという思考回路だと、いくらお金が貯まったとしても、いくらお金が増えたとしても、これでは足りないかもしれない、不安だ、と「不安スパイラル」にはまってしまいます。

そうなると、常にネガティブな気分でお金に向き合うことになってしまい、日々の家計簿や通帳記入なども楽しく思えなくなってきます。

不安をきっかけにしないでほしいというのは、こういった事態を避けるためでもあるのです。

お金を貯めたり、増やしたりして目標や夢をかなえるのは、本来楽しいことです。漠然とした不安があるとしたら、それをそのままにして不安がる前に、その不安を解決するためにできそうなことを、小さなことからリストアップしてみてください。そのためにお金が必要なら、貯めたり増やしたりすればいいのです。

心もお金も大きく育てるための小さな習慣

私のおすすめする投資生活では、単に、金融商品に投資すればOK、というわけではありません。

ヨコヤマ式90日貯金プログラムでも、本を読む、気がかりなことを書きだす、ダイエット（筋トレ）をする、など実践してもらいました。

投資生活でもそれは同じです。実際に私の相談者さんたちには「お金を育てる」ことと同時進行で、「自分を育てる」こともしてもらっています。

「心構え」「行動」という2つの側面から、「することリスト」を作りました。

次項から具体的にお伝えしていきましょう。

投資生活ですることリスト〈心構え編〉

まずは、心構えについてです。お金を増やすにしても、自分自身の心の状態が非常に重要な要素となります。心の状態を常に前向きに保てるようにしたいですね。

□朝起きたら、一日のスケジュールをイメージする
□イメージできたら、なるべく早く今日すべきToDoリストを作る
□一日に一度はポジティブになれる行動（ゴミを拾うなど）をする
□自分が感情のブレ（悲しいときや嬉しいとき）でどうなるのかを意識する
□こうなりたい、こうしたいという「理想の自分」をイメージする
□物事を、（善悪でなく）好きか嫌いかで判別してみる（自分軸形成の訓練）

□ 90日（3カ月）に一度、自分の価値観、人間関係、生き方を見直す
□ 仕事・プライベートの関係なく、今関わりのある人を思い浮かべてみる
□ 失敗と挑戦しないことのリスクを比較してみる
□ 見返りを期待せず、ギブ（与える）の精神を持つ
□ 自分の弱み・リスクはどこにあるのかを考える
□ あえて独りで過ごす休日を設け、孤独を楽しむ
□ 何事も構えないで、自然体で向き合うことを意識する
□ 自分にとっての苦痛とは何か考えてみる
□ 自分の習慣や癖を客観視してみる
□ 悔しかったこと・心地よかったことを思いだす（月に一度程度）
□ うまくいったときには必ずどこがよかったのかを振り返る
□ 夢を書きだし、管理する
□ 思ったことは何でも書きだすようにする
□ 寝る前に一日を振り返る「5分間瞑想」をする
□ 日々の生活で自分らしさを消していないか、振り返る

■心を整えたら、うまくいきはじめた！

近藤里佐さん（28歳女性、会社員・独身）は、まじめな性格ゆえ、貯金生活でも数字を意識しすぎる傾向がありました。

使ったお金の収支が30円でも合わないと、イライラして記録すること自体がイヤになり、投げだしたこともしばしば。

いっそお金のことを意識せず、「心地よく生活することを最優先にして、生活自体を楽しむこと」に重きを置いてもらったのです。

そこで、ちょっとした提案をしました。

「することリスト・心構え編」の中から、「こうなりたい、こうしたい！という理想の自分をイメージ」しながら、毎日を過ごしてもらったのです。同時進行で、リストの他の項目をこなしてもらいました。

お金に関しては、簡単なルールをお願いしました。

とにかく、レシートをもらうこと。レシートが出ない場合はメモなどに書いておく。家計簿は、あえてつけません。レシートを振り返ってみる程度でOKとしました。気が向けば、レシートを見ながら電卓をたたいてみるくらい、です。

「することリスト・心構え編」には、実践していくうちに自分自身の価値観を形成していく効果があります。お金のことは二の次です。

お金を意識しすぎて自滅してしまうタイプの近藤さんにとって、かえってお金を客観的に見られる、良いきっかけとなりました。

やがて、近藤さんは順調に貯金が増えていきました。同時に、自分自身と向き合うことも続けたので、精神的にも強くなり、貯金生活と平行して投資生活もスタートしました。

今では毎月積立タイプのインデックスファンドをやりながらも、年収分の貯金があります。さらに余裕資金をＥＴＦ（上場投信）で運用するなど、順調に投資生活を送っています。

投資生活ですることリスト〈行動編〉

心構え編と並行しておこなっていただきたいのが、行動編。

あれこれ考えず、まずは左記を実行してみてください。大きな変化が訪れることをお約束します。

□買わずに借りる（レンタルやシェアを意識した生活を）
□人のためにお金を使う
□とにかく捨てる（失うことで生活をシンプルにし、必要な物を知る）
□1週間に一度、新しいことにチャレンジする
□あえて苦手な分野を勉強する

□散歩や音楽鑑賞などゆったりとした時間を作る
□ここぞというときには、ドーンとお金を使う
□一度だけギャンブルもしくは宝くじを買ってみる
□（ボーナスが出る人は）ボーナスが出なかったことにして使わない
□携帯電話やパソコンを使わず、あえて「考えること」をする
□2週間に一度は玄関と冷蔵庫の大そうじをする
□ジョギングなどの運動を始めてみる
□商品の目的が何であるのかなどのウラを気にする
□尊敬できる人を観察し、まねてみる
□親にプレゼントをする
□朝いつもより1時間早く出勤する
□ファーストフードやスナック菓子をやめる
□お酒やたばこが習慣になっている人はやめる
□野菜ジュースを手作りするなど、健康のために食生活に気を配る
□家族や恋人と、お金の話をオープンに語り合う

■行動を変えればお金が増える！

斎藤大輔さん（35歳男性・会社員・独身）は、一言でいうと好青年。性格も明るく、誠実な人柄で何でも懸命にがんばるタイプです。

そんなしっかり者の斎藤さん、実は貯金が1600万円ほどあります。

しかも1つの銀行にすべて預け、財産はその預貯金のみで持っています。つまり、不動産や生命保険、そして株や債券もなく、すべて円貨で1600万円なのです。

過去に外貨預金やFX投資で痛い目にあったことがあるらしく、投資には否定的です。

そんなわけで、私もムリに投資を勧めることはしませんでした。ですが、今はどういう状態なのか、そして前回失敗した際は、何がまずかったのかを振り返ってほしかったので、「することリスト・行動編」から、「苦手な分野を学んでみる」を実践してもらうことにしました。

学ぶことが好きな斎藤さんは、すんなり知識を吸収していきました。結果として、過去の失敗の原因や現在の状況を冷静に判断できるようになったのです。

もう1つ、斎藤さんはジョギングを始めました。不思議と、走ることで投資というものが正面から見えてきたと言います。

ジョギングと投資、一見関係のないもののようにも思えますが、実は両者は別段やらなくても生きていけるという点では共通しています。うまくいくと、視野が広がるという点も共通点ですね。

そういったものに挑戦することに意味があるのです。

斎藤さんは、3年間ほどかけて、預貯金だけで持っていた1600万円のうち600万円は「守りのお金」として預金に、残りの1000万円強は、自分でバランスを見ながらニチガイカブサイの4つに分けて投資をしています。最近では、REIT（不動産投資）などにもチャレンジしているそうです。

運用成績も4パーセントほどになったらしく、「投資は楽しい！」とのこと。

仕事にもプライベートにもハリが出ているようです。

もちろん、「心構え」と「行動編」、どちらか一方だけに絞る必要はありません。両方のリストを実践することで、大きな効果が得られている人もたくさんいます。

■貯金ゼロ家計が大変身！

中江寛子さん（33歳・主婦）はお金が貯められないタイプでした。面倒くさがりやなので、家計簿なども三日坊主。

でも3つのモノサシ（消費・浪費・投資）を使って、お金の使い方を徹底的に意識。それによって、貯金ができるようになりました。

そこまでは良かったのですが、毎月貯蓄へ回せるようになったからと取り組んだのが、生命保険でした。保険は元本（正式には払込保険料累計といいます）割れしないとどこかで耳にして、よくわからないままに学資保険に加入したのです。

しかし、その商品は保障重視型であったため元本を下回ってしまうことに、あとから気づきます。

子どものためにお金を貯めていこうと思ったのに、自分の選択ミスで18年後にはそうなっていない……。

中江さんはすっかり凹んでしまいました。もうお金のことなんかと投げだしそうにもなりましたが、踏みとどまりました。

基本として、「することリスト」の心構え編と行動編を、地道に実践することにしたのです。

すると、目に見えて成長してきたのです。一見すると基本に戻ることは遠回りにも思うかもしれませんが、逆です。むしろ近道なのです。

ぐんぐん貯金力がつき、あっという間に年収分を貯めることに成功。今では貯金生活を続けながらも、投資生活もしています。

中江さんの投資は、子育てで忙しいということもあって、グローバルバランス型のインデックスファンドだけ。1つしかやっていません。

投資のことをいちいち気にしたくないけれど、預貯金だけでは不安なので、そのやり方を選んだとのこと。現在、育休中なのですが、お金の不安を感じることなく、子どもとの生活を満喫しています。

子どもが大きくなったら、きちんと金銭教育をしたいと、ファイナンシャル・プランナーの資格にも挑戦しているそうです。子どもも、お金も、ゆっくり確実に育てます！と話していたのが印象的でした。


「することリスト」の1つ1つの項目は、小さなことばかりなので実践しやすいですよね。

実際、週3で通っていたファーストフードをやめて朝の野菜ジュース生活に転換した方は特に運動をしたわけでもないのに、1カ月で3キロも痩せて、ほくほく顔でした。

それから、人間関係をリセットすることで、ムリに仲良くしていた知人と離れることができ、気分がスッキリした方もいましたね。

お金への投資で結果が出るよりも、「自分への投資」で結果が出るほうが早いので、達成感や満足感、自信につながります。

ぜひ実行してみてください。

おわりに　コツコツ地道にがんばる人がいちばん強い

同じ年収でも、すべて使いきる人と残して貯金する人がいます。宵越しの金は持たない江戸っ子ではないですが、お金の節約ややりくりはカッコ悪くて、どんどん使うことが粋でカッコいい……かつては、そんなふうな考え方もありました。

しかし、その考え方は変わりつつあるように思います。

収入の範囲内で堅実に暮らしつつ、将来や自分の夢のためにお金を貯めていきたい、という方々が年々増えてきました。

たとえば、子どもの進学先を迷わなくてすむ、思いきって会社を辞めて起業する、など、いざというときやチャンスが訪れたときに、お金のおかげで人生の選択肢が広がることも多くあるわけです。

よりよい未来を選ぶために、お金ときちんと向き合って、必要な資産を作りあげて

いくことが大切な時代になったとも言えます。

身もふたもない言い方ですが、**お金を持つということは、やはり強いパワーなのです。**

ただし、それがすべてではなく、私たちが持っているたくさんのパワーの1つにすぎません。

ほかにも愛情や優しさ、辛抱強さなどを元にしたパワーがありますよね。

そういったパワーと、お金の持つパワーの相乗効果で、自分や周囲の人が豊かな人生を送れるようにしていければ最高ですね。

投資は、ギャンブルみたいで危険、うさんくさい話が多いなど、うがった見方をされがちです。

実際、大金持ちの桁はずれの投資の例とか、逆に大損した例とか、そんな話を聞いたことがあるなら、先入観ができて当然ですよね。

でも、そんな例ばかりではありません。

本書でお伝えしたとおり、やり方さえ間違わなければ、限りなく貯金に近い、「コツコツ地道に」という手堅い投資ができます。

ですから、身の丈に合った、自分なりの投資スタイルでいいのです。

自分を信じてやってみてください。

それから、最後まで本書を読んでいただいたみなさんは気づいているかもしれませんね。

お金への投資を軽視する気はまったくありませんが、何よりも自分自身を大切にし、自分に投資をしていくことが、より確実なパワーにつながると、私は信じています。

ですから、あなた自身を何よりも大切にしてあげてください。

お金の面でも心の面でも、どんな時代も生き抜いていけるタフな自分を育てていきましょう。

最後になりましたが、貯金生活宣言シリーズでお世話になっているディスカヴァー・トゥエンティワンのみなさん、編集の石橋さん、いつもありがとうございます。

また、相談者のみなさんに改めてお礼を申し上げます。お金の問題を解決して、着実に成長していくみなさんに勇気づけられています。

そして全力でサポートしてくれる弊社のスタッフ、どんなときも笑顔で支えつづけてくれる、大切な妻と6人の子どもたちに心からの感謝を伝えたいと思います。

2013年　5月　横山光昭

なお、本書は、全体イメージの分かりやすさを重視したため、用語や仕組みなどをより伝わりやすい表現に置き換えて記載してあります。それによる誤解がないよう配慮をしていますが、さらに深く学ぶ際には確認しながら知識を習得していくことをおすすめします。また、本書における情報はあくまで情報提供を目的としていますので、個別の商品の詳細につきましては証券会社や運用会社、銀行にお問い合わせください。（商品の説明については、2013年5月時点のものです）

【参考資料】

・「内藤忍の資産設計塾【第3版】」内藤忍 著（自由国民社）
・「投資手帳」内藤忍 著（ディスカヴァー）
・「投資信託にだまされるな！」竹川美奈子 著（ダイヤモンド社）
・「超簡単 お金の運用術」山崎元 著（朝日新聞出版）
・「臆病者のための株入門」橘玲 著（文藝春秋）
・「日本の国家破産に備える資産防衛マニュアル」橘玲 著（ダイヤモンド社）
・「インフレでもあわてない！これからのお金の殖やし方」岡村聡 著（明日香出版社）
・「行動経済学入門　基礎から応用までまるわかり」真壁昭夫 著（ダイヤモンド社）
・「ウォール街のランダムウォーカー」バートン・マルキール 著（日本経済新聞社）

［ 著者紹介 ］

横山 光昭（よこやま みつあき）

家計再生コンサルタント。ファイナンシャルプランナー。

株式会社マイエフピー代表取締役社長。

家計の借金・ローンを中心に盲点を探り、確実な解決＆再生をめざす。

独自の貯金プログラムを活かし、リバウンドのない再生と飛躍を実現。

再生したクライアントは現在まで約6000人以上。

時に厳しく時に優しく、依頼者に寄り添う熱血派。

お金の問題だけでなく依頼者の人生まで再生させる、
その親身な指導内容にファンが多い。

全国に散らばる多くの読者や依頼者から
共感や応援の声が集まる庶民派ファイナンシャルプランナー。

業界の異端児的活動で、各種メディアへの執筆、講演も多数。

とりわけTBS系「はなまるマーケット」、NHK「あさイチ」への出演で大反響。

総合情報サイト「All Aboutお金を借りる・返す」ガイドとしても活躍中。

著書に「年収200万円からの貯金生活宣言」、

「年収200万円からの貯金生活宣言 正しいお金の使い方編」、

「90日間貯金生活実践ノート」、

「貯金生活chokin!家計簿」（いずれもディスカヴァー）、

「お金が貯まる人の思考法 年収の半分を3年で貯める16・7の法則」（講談社）、

「約7000世帯の家計診断でわかった！ずっと手取り20万円台でも毎月貯金していける
一家の家計の「支出の割合」」（ダイヤモンド社）などがある。

ツイッターアカウントは @chokin_myfp

株式会社マイエフピー連絡先
ホームページ　www.myfp.jp
東京オフィス（代表電話）：03-3376-8550

年収200万円からの投資生活宣言

発行日　2013年 6 月15日　第1刷
　　　　2016年12月15日　第5刷

Author　横山光昭

Book Design　寄藤文平　八田さつき
Illustration　有限会社ムーブ

Publication　株式会社ディスカヴァー・トゥエンティワン
〒102-0093 東京都千代田区平河町2-16-1 平河町森タワー11F
TEL 03-3237-8321（代表） FAX 03-3237-8323
http://www.d21.co.jp

Publisher　干場弓子
Editor　石橋和佳

Marketing Group
Staff　小田孝文　井筒浩　千葉潤子　飯田智樹　佐藤昌幸　谷口奈緒美　西川なつか　古矢薫
原大士　蛯原昇　安永智洋　鍋田匠伴　榊原僚　佐竹祐哉　廣内悠理　梅本翔太　奥田千晶
田中姫菜　橋本莉奈　川島理　渡辺基志　庄司知世　谷中卓

Assistant
Staff　俵敬子　町田加奈子　丸山香織　小林里美　井澤徳子　藤井多穂子　藤井かおり
葛目美枝子　伊藤香　常徳すみ　鈴木洋子　松下史　片桐麻季　板野千広　阿部純子　岩上幸子
山浦和　住田智佳子　竹内暁子　内山典子

Productive Group
Staff　藤田浩芳　千葉正幸　林秀樹　三谷祐一　大山聡子　大竹朝子　堀部直人　井上慎平
林拓馬　塔下太朗　松石悠　木下智尋

E-Business Group
Staff　松原史与志　中澤泰宏　中村郁子　伊東佑真　牧野類　伊藤光太郎

Global & Public Relations
Group Staff　郭迪　田中亜紀　杉田彰子　倉田華　鄧佩妍　李瑋玲　イエン・サムハマ

Operations & Accounting
Group Staff　山中麻吏　吉澤道子　小関勝則　池田望　福永友紀

Proofreader　株式会社文字工房燦光
DTP　アーティザンカンパニー株式会社
Printing　中央精版印刷株式会社

ISBN978-4-7993-1267-4